KB092513

MY JOB

나의 직업

어쩌면 당신의 시선

CONTENTS

Part One

History

Part Two

Who & What

Part Three

Get a Job

Part Four

Education & Training

연예인이 되고 싶은 청소년들에게

　한국의 대중문화 산업이 국내 시장을 넘어 해외에서도 큰 반향을 불러일으키고 있다. 이른바 "한류"라고 불리는 한국 연예 산업의 호황시대인 셈이다. 대중문화 컨텐츠의 한류 붐과 함께 대중문화를 수용하는 소비자에 그치지 않고 직접 대중문화 및 연예산업의 주축이 되고 싶어 하는 이들이 꾸준히 증가하는 추세다.

　한국 직업능력개발원이 초·중·고생 학부모 909명을 대상으로 조사한 결과에 따르면 부모가 원하는 직업 4위, 초등생 장래희망 3위에 연예인이 올라 있다. 어린 자녀들만이 아니라, 부모 세대 역시 비교적 높은 순위 내에서 연예인을 선망하는 직업군으로 꼽고 있는 것이다. 직업 안정성이나 명예를 중시하던 과거에 비해, 고용시장의 불안정성에도 불구하고 높은 수입을 유지할 수 있을 뿐만 아니라 문화·오락산업의 비약적인 성장과 더불어 노력 여하에 따라 부와 명성을 동시에 축적할 수 있는 연예인이라는 직종의 특수성이 전 세대를 아울러 선호되고 있는 것이다. 그러나 단순히 인기가 좋고, 모두가 선망하는 직업이라는 이유만으로 연예인이라는 진로를 결정해도 좋은 걸까. 연예인의 경우 직업 가치관이 변화해감에 따라 그 위신이 높아진 만큼 현재까지 알려진 직업적 장·단점을 객관화할 수 있는 장치조차 마련되어 있지 않다.

　　우후죽순으로 생겨났다가 사라지는 연예기획사들은 트레이닝이라는 명목으로
연습생들과 불공정한 계약을 맺기도 하고, 오디션에 참석할 기회를 얻기 위해
로비를 일삼는 악질적인 브로커들도 산재하는 것이 현실이다. 화려한 연예인의
뒷면에는 공식적으로 마련되지 않은 연예인 양성 시스템 및 교육과정을 볼모로
연예인을 꿈꾸는 청소년들을 짓밟는 추악한 이들 역시 존재하고 있는 것이다.
따라서 연예인이라는 직업을 고려하고 있는 청소년에게 우리는 무엇보다 옳고,
바른 길로 인도해줄 수 있는 기준을 정리하고, 이를 제안하는 것이 옳다고
판단하였다. 연예인이라는 직업은 물론 그들을 둘러싼 전반적인 연예산업에서도
오랜 역사를 지니고 있는 헐리웃 등과 비교할 때 우리 나라의 연예인 양성과정은
이제 막 시행착오를 겪으며 성장해나가는 '시작 단계'라고 볼 수 있다. 때문에 이
책은 연예인을 꿈꾸는 청소년들이 비교적 객관적으로 마련된 정보와 데이터를
바탕으로 본인의 꿈에 한 걸음 더 가깝게 다가설 수 있는 계기와 상식을 마련할 수
있는 길잡이가 되길 희망하며 제작되었다. 연예인을 꿈꾸는 모든 청소년의 꿈이 이
책과 함께 보다 나은, 또 보다 올바른 길로 나아가길 격려하며.

Part One

History

연예인이라는 개념의 시작

연예인이라는 직업의 배경에는 대중문화예술이라는 산업 및 예술의 한 장르가 존재한다. 우리 대중문화예술의 뿌리에 대한 대부분의 연구들은 서양 대중 문화예술로부터 그 근원을 두고 있다.물론 오늘날과 같은 대중문화 산업과 연예인의 특수성의 배경에는 분명 서구의 대중문화예술 속에서 찾을 수 있는 유사성이 많지만, 흥과 멋을 사랑하던 우리 조상들에게도 대중문화예술의 시초로 볼 수 있는 연예, 또 연예인의 개념이 존재했다.

우리 대중문화의 뿌리를 거슬러 올라가면 그 자리에는 '사당패'가 있다. 사당패란, 조선 후기 민간 예인집단의 하나로 이 곳 저 곳을 떠돌며 관객을 모아 공연을 하며 생계를 유지하던 집단이다. 이들은 여사당인 '우바이' 또는 절간에서 타락한 '거사', '남사당'이라고 불린 우바새 등이 함께 어우러져 다니며 패를 벌이곤 했다.

사당패의 공연종목은 대체로 장구춤과 각 지역의 노래였다. 조선말기 사당패의 본거지는 경기도 안성군의 청룡사를 비롯하여 전남 강진군 대구면의 사당리와 황해도 구월산의

사당, 그리고 경남 남해군의 화방사 등이었다.

　이들 사당패 중 유일무이한 여자 꼭두쇠가 있었는데, 바로 '바우덕이'라는 여인이다. 그녀는 우리나라 대중문화의 효시라 할 수 있는 사당패에서 활동한 개성 넘치는 예인이었다. 물론 사당패가 활동하기 훨씬 이전에 판소리라는 우리 음악이 신재효에 의해 재정립된 바 있지만, 이를 대중문화예술에 포함하기엔 다소 부족한 점이 있다. 판소리의 경우 훌륭한 우리 음악이지만, 민중과 호흡하며 민중을 하나로 묶어주는 역할을 담당하지는 못했기 때문이다. 판소리는 대개 연희 등에서 벌어지는 일이 많아 대중이라 할 수 있는 '민중'의 참여가 극히 제한되거나 배제되었다. 그에 비해 사당패 놀음은 민중과 함께 어우러지는 특징이 있었다.

　바우덕이가 활동한 안성 남사당패는 경복궁이 중건되던 때에 활동하며 사기가 떨어진 인부들과 백성들에게 신명을 실어 주었다. 바우덕이의 사당패 활동 덕분에 경복궁 중건 사업은 무사히 마무리될 수 있었고, 이를 주도하던 흥선대원군 역시 크게 만족하였다. 그때 바우덕이의 공연이 얼마나 재미와 신명이 넘쳐났는지 공사하던 인부들이 일손을 놓고 연신 "얼쑤 얼쑤!" 흥을 내기만 했다는 숨은 이야기도 존재한다.

　흥선대원군은 바우덕이의 공로에 보답하기 위해 안성남사당패에 당상관 정삼품의 벼슬을 내려주었다고 한다. 당시로서는 혁신적인 일이었다. 천민집단으로 이루어진 사당패에 벼슬을 내려준 일은 전무후무한 일이었기 때문이다. 그만큼 바우덕이의 인기와 실력은 나라에서 으뜸가는 예인으로 칭할 만 했다. 이들은 벼슬로 받은 사당패 깃발을 앞세우고

전국을 유랑하며 다시 사당패 놀음을 했는데, 이들이 나타나면 그 고을의 사당패들이 엎드려 절을 하기도 했다. 오늘 날로 치면, 이들은 차트 1위를 석권하는 아이돌이나 천만 관객을 이끄는 배우 격의 인기를 누린 셈이다. 지금이야 '공연'의 개념이 널리 퍼져 누구든지 즐길 수 있는 대중문화로 자리 잡았지만 당시로서는 이런 인기와 열기가 꽤 신선한 충격이었다고 한다.

당시에는 민중이 스스로를 민중이라고 생각하지도 못할 만큼 민중의 개념이 미미했고, 때문에 문화를 즐긴다는 의식 역시 희박했다. 문화 불모지나 다름없던 시기에 여성이 사당패를 이끌며 민중에게 기쁨을 주는 예인으로 이름을 날리니 너도 나도 그녀의 공연을 보기 위해 몰려든 것도 무리는 아니다.

이런 점에서 볼 때 바우덕이는 우리나라 최초로 대중문화를 주도했던 연예인 그러니까 스타라고 할 수 있다. 바우덕이가 날로 유명해지자 그녀가 이끌던 안성남사당패는 '바우덕이'라는 인물의 명칭으로 불리게 되었다. 대중은 이들 사당패를 "바우덕이가 왔다" "바우덕이다"라고 부르며 공연을 즐겼다.

스타는 본인의 이름으로 불리고, 새로운 문화를 생산해내며 언제나 팬을 끌고 다닌다. 바우덕이가 왔다! 는 대중의 외침은 그녀가 단순히 재주 좋은 예인이 아니라, 오늘날의 대중문화와 견주어 볼 때 그 효시라 할 수 있는 연예, 또 연예인의 개념을 확립한 대상으로서 정의하기에 충분한 근거를 마련한다.

바우덕이의 일생

■ 1848년: 안성에서 가난한 소작농의 딸로 출생.

■ 1853년: 안성 서운면 청룡사 안성남사당 입단 (당시 5세) −선소리, 줄타기, 풍물, 무동, 새미의 모든 남사당 공연예술 학습

■ 1863년: 안성남사당 꼭두쇠 추대 (당시 15세) 남사당에서 최초이자 최후의 여성 꼭두쇠로 활동 시작 (당시 꼭두쇠 였던 윤치덕의 사망 후 바우덕이가 꼭두쇠로 추대됨)

■ 1865년: 고종 2년 경복궁 중건에 안성남사당패를 이끌고 출연 최고의 영예인 정3품 당상관 벼슬 상당의 옥관자 수상 남사당을 전국 예술집단의 최고봉으로 끌어 올림.

■ 1865년~1870년: 안성남사당패가 "바우덕이"로 통칭됨 전국을 다니며 공연활동을 펼침 → 대한민국 연예문화 탄생 → 최초의 연예인 : 남사당 바우덕이

■ 1870년: 폐병으로 사망 (남사당 단원의 간호를 받다가 사망함) 남사당 단원들이 바우덕이를 청룡리 골짜기에 안치하고 장례를 지냄

그렇다면 오늘 날 연예인의 의미는 과거와 어떻게 달라졌으며 또 어떻게 정의할 수 있을까.

오늘 날의 연예인은 우선 연예산업에서 '서비스'를 제공하는 예능인으로 정의해볼 수 있다. 즉 오늘 날의 연예인이란 독립적인 예인이기도 하면서 더불어 대중문화를 생산하고, 유통시키는 모든 연예산업 속에서 끼와 생산물을 이용해 이를 '서비스' 형태로 대중에게 선보이는 모든 이들이라고 할 수 있다.

구체적으로는 연극, 노래, 춤, 희극, 만담, 마술 등 모든 공연에 직접 참여하는 이들을 포함한다.

사전적으로는 이렇게 포괄적인 의미의 예인들을 모두 연예인이라고 칭하지만 우리가 흔히 '연예인'이라고 할 때에는 대중문화 미디어에 출연하는 배우, 가수, 모델, 개그맨 등을 떠올리는 것이 일반적이다. 즉, 대중들에게 오늘날의 연예인이란 TV 방송 프로그램에 직접 출연하는 이들을 통칭하는 말로 사용되며, 이들은 대중문화를 형성하는 주체로서 다양한

시도를 하며 각광 받고 있다.

　사실 보수적이고, 유교적인 사고방식이 지배하던 과거의
대한민국 안에서 연예인이라는 직업은 그리 환영받는 직업군은
아니었다. 그들의 명성이나 수입에 비해 사회적으로 제대로
대우받지 못했기 때문이다.

　그러나 디지털 기술의 발전에 따른 대중문화의 급속한 보급과
함께 이른바 '한류'라 불리는 연예산업의 확장에 힘입어 연예인은
연예 콘텐츠의 중심으로 급부상하며 전문직으로 자리매김하고
있다.

　오늘날에는 연예인을 단순히 한 직업군으로 분류하지 않고
특유의 재능과 열정, 또 고난도의 훈련과 자격이 필요한 전문
직업인으로 받아들이는 분위기다. 이는 대중문화가 우리
사회에서 차지하는 질적 · 양적 수준의 향상은 물론 유행을
선도해 이를 소비로 이어지도록 만드는 새로운 수익 구조로
등장함으로써 연예인이 연관되어 파생되는 산업과 수익이
엄청난 호황을 누리는 것과 무관하지 않다.

　따라서 이 책에서는 대중문화를 선도하고, 연예산업에

직·간접적으로 관여하는 연예인의 개념을 TV 방송인,
공연예술인 등의 세부 분류로 나누지 않고 크게 배우(대본을
바탕으로 만들어진 이야기의 인물을 연기하는 모든 사람), 가수(연주,
보컬, 제작에 관여하며 음반 산업 속에서 서비스를 제공하는 모든 사람),
모델(화보, TV광고, 패션 산업 등에 종사하며 소비를 촉진시키는
대중매체에 노출되어 있는 모든 사람), 개그맨(코미디언, 희극인 등
웃음을 유발하는 컨텐츠를 생산하며 대중 매체에 노출 되는 모든 사람)
이렇게 네 가지로 나누어 이야기하고자 한다.

03 연예인, 끼 있는 사람만 할 수 있을까

연예인을 하기 위한 자질 중 가장 먼저 생각해볼 수 있는
요건이 바로 '끼'다. 영어로는 talent 즉, 재능이라고 바꾸어
이야기해볼 수 있다. 그런데 '끼'라는 단어는 일반적으로 '재능이
있다.' 라는 말과 바꿔 부르기에는 어딘가 부족한 것처럼
느껴진다. 왜 일까. 이 '끼'라는 말 앞에는 '잠재적이고, 선천적인'
이라는 말이 생략되어 있기 때문이다.

결국 '끼가 있다'는 말은 훈련과 연습으로도 어찌해볼 수 없는
타고난 재능을 가지고 있다는 것으로 해석해볼 수 있다. 흔히
연예인을 꿈꾸는 사람들을 두고 끼가 있는지 없는지를
가려내려는 이유이기도 하다.

한국의 문화호황기였던 1900년대 중후반에는 끼 있는 이들이

너도나도 연예인을 하기 위해 이른바 '연예인 고시'라고 불리는
방송사 공채에 응시해 매년 수천 명의 응시자가 몰렸다고도 한다.
그러나 이처럼 스스로 끼가 있다고 믿는 사람들 가운데 연예인이
되는 사람들은 극히 일부이고, 또 연예인이 된 뒤에도 스타로서
꾸준히 사랑받을 수 있는 사람들도 극소수에 불과하다.

결과적으로 스스로의 선택이든, 주변의 권유이든 기본적으로
'끼'가 있다는 믿음 속에서 연예인에 도전하지만, 끼가 있는지
없는지 또는 끼가 얼마만큼 있는지의 문제가 연예인 생활의
성공여부를 점쳐주지는 않는 셈이다.

또 얼마나 독창적이고 신선한 인물인지를 가려내는 기준도
모호하다. 가수는 단순히 노래를 잘하는 사람이여야 한다는
기준을 가진 제작자도 있을 것이고, 노래를 잘하면서 동시에
유행을 선도할 수 있는 다른 재능이 있는 이를 선호하는 제작자도
있을 것이다. 또 제작자의 도움 없이 유튜브 등의 온라인 매체를
이용해 스스로의 재능을 뽐내는 길도 자유롭게 열려 있어 실력만
있다면 연예인에 입문하는 일은 누구에게나 열려 있기도 하다.

따라서 연예인을 하기 위해서 끼가 있는 인물은 분명 다른 도전자들보다 유리한 조건에서 시작하는 것임에는 틀림없으나, 그가 어떤 제작자에게 발굴되는지, 또 어떤 장르에 도전하는지, 어떤 계기로 연예인이 되는지 등 다양한 조건에 의해 그 '끼'의 여부가 그리 중요한 요건이 되지 않을 수도 있는 셈이다.

일례로 가수 박진영은 한 오디션 프로그램에서 잘하는 친구들보다 열심히 하려는 친구들을 연습생으로서 선호한다고 밝힌바 있다. 이미 만들어진, 또는 천재적으로 뛰어난 재능을 가진 사람보다 자신의 트레이닝 룰에 맞추어 성장하며 드라마를 만들어갈 인재가 더더욱 선호된다는 의미다.

재능은 타고난 것이며, 분명 후천적 노력으로는 어찌해볼 수 없는 영역이지만, 그렇다 해도 영원불멸하지 않고 시대 또는 대중의 선호에 따라 시시각각 변하는 연예계에서는 결코 절대적인 기준이 된다고는 단언할 수 없다.

따라서 연예인을 꿈꾸는 사람들은 자신의 재능이 무엇인지, 또 자신이 그 재능의 종류와 무게에 따라 어떤 노력을 할 수 있는지를 파악하는 일을 우선으로 해 다른 무엇보다도 '나만의 전략'을 세워 시대를 선도해나가는 연예인이 되겠다는 꿈을 의지적으로 키워나가야 할 것 이다.

  대중문화 컨텐츠를 제작해 수익을 창출하려는 이들의
입장에서 연예인이란, 그들의 상품을 전달하는 사람 또는 그 상품
자체처럼 여겨지기도 한다. 인권적인 측면에서 극히 저열하며
후진적인 발상이지만, 연예산업의 구조적 측면에서 살펴보면
연예인 한 사람이 가지는 마케팅적 능력은 산업사회에 있어서
분명 무시할 수 없는 사항이기도 하다. 예를 들어 유명 탤런트가
한 예능 프로그램에서 착용한 가방이 순식간에 팔려나간다든지,
한 아이돌 가수의 착용품이 금세 품절이 되는 것처럼 스타가 된
연예인 한 사람, 한 사람이 만들어내는 수익 구조와 규모는
엄청난 수준이라는 것이다.

  이렇게 일단 스타가 되었다고 하면 걸어 다니는

중소기업이라고 불릴 만큼 어마어마한 시장성을 가지고 있는 것이 바로 연예인 산업이다. 때문에 이들은 다른 동료들보다 뛰어나면서 또 차별화된 전략으로 승부를 보기 위해 언제나 분주하다.

이 활발한 움직임 안에 이른바 성형 열풍도 포함되어 있다. 훌륭한 외적 조건을 가진 연예인들 틈에서 좀 더 주목받는 연예인이 되기 위해 너도나도 성형외과로 향하는 것이다. 단순히 좀 더 나은 미모를 가지기 위해서가 아니라, 시대가 원하는 아름다움, 차별화된 미모, 누구보다 월등한 외적 조건을 갖추기 위해 서슴없이 수술대로 오르는 연예인, 또 연예인 지망생이 셀 수 없이 많다.

그러나 꼭 성형 미인, 미남만이 사람들의 이목을 끌고, 아름다움을 인정받을 수 있는 것일까?

그동안 과열되었던 성형 열풍 탓인지 이제는 정형화된 미적 가치가 아닌, 자연스러우면서도 개성 있는 외적 요인을 찾아 나서는 이들도 적지 않다. '자연미인'이라는 신조어 현상이 바로 그것이다.

미인의 기준이 성형을 통해 아름다워진 이들이 아니라, 성형을 전혀 하지 않아 자연스러운 매력을 뽐내는 이들에게 있다는 것이다.

또 '건강미', '개성미', '연기파 배우' 등의 신조어 현상도 흥미롭다. 비정상적으로 마르고 가냘픈 여배우 이미지를 위해 혹되게 다이어트를 하거나 지방흡입수술을 하던 과거의 미적 기준이 이제는 운동으로 다져진 탄탄하고 건강한 외형의 사람들에게서 건강한 이미지를 찾게 되는 것이다.

개성미 역시 마찬가지다. 사람은 누구에게나

개성이 있다는데, 스스로의 개성을 발견하기도 전에 정형화된 미적 가치를 위해 성형 수술을 하던 경향이 이제는 본래 가지고 있던 자연스러운 매력과 저마다의 개성을 강조하는 방법으로 매력을 뽐내고 있는 것이다.

연기파 배우라는 말도 재미있다. 배우라면 모름지기 연기를 직업으로 하는 이들이라 당연하게도 연기를 잘 해야 하는 것이 기본 요건일 텐데 연기파 배우라면 오히려 역설적으로 들릴 수도 있을 것이다. 하지만 이런 용어가 자연스럽게 사용되는 것은, 이제까지 외모가 특별하다는 이유로 배우로 활동하거나 화보 안에서 멋진 포즈나 예쁜 미소만 짓는 그림 같은 이들의 정형화된 모습과 활동에 지친 대중들이 오직 연기로만 승부하는 배우들에게 붙여준 신조어이기 때문이다. 즉, 자신만의 개성과 매력을 담은 연기를 할 수만 있다면 대중에게 사랑받을 수 있는 자격요건이 충분히 성립되는 것이다.

세계적인 톱 모델인 로렌 휴톤은 결코 전형적인 미인이 아니다. 그녀의 앞니는 벌어져 있었고, 심지어 그녀는 사시였다. 그러나 그녀는 성공했고 누구보다도 개성 넘치는 모델로 사랑받았다.

또 헐리우드 배우 마릴린 먼로를 모르는 이는 없을 것이다. 모델이 되고 싶었던 마릴린 먼로는 한 간부에게서 너 같은 건 절대 모델이 될 수 없으니 비서나 되라는 모욕적인 말을 들었다.

그녀가 기존의 모델이나 탤런트보다 뚱뚱하고 못생겼다는 이유였다.

그러나 반짝거리는 금발머리와 어린 소녀 같은 목소리,

천진난만한 순수한 미소에 사람들은 열광했고, 그녀는 전 세계적인 스타가 되었다.

연예인은 분명 일반인들과는 달리 외적인 요건으로 판단되기 쉽고 또 누구보다 엄격한 기준을 부여받기도 한다. 그러나 결코 그 외적인 요인이 반드시 정형화된 미적 가치를 쫓으라는 것은 아니다.

따라서 연예인이 되고 싶다면 자신의 외모가 가지고 있는 장점과 단점을 잘 파악하는 것이 우선 무엇보다 중요하다. 만약 단점이 있다면 새로운 방법으로 극복하거나, 개선해나갈 수 있는 것인지 판단하려고 노력해야 한다. 단점도 개성이 될 수 있다는 것을 생각하고 나만의 매력이 무엇인지, 대중들에게 신선하게 선보일 수 있는 요인은 없는지 곰곰이 생각하며 보완, 개발해나가면 분명 '아름다운 연예인'으로서 인정받을 수 있다는 사실을 잊어선 안 된다.

외모를 판가름하는데 절대적인 기준은 없다. 미적가치란, 시대에 따라 변하기 마련이고 보는 사람에 따라 다르다. 변하지 않는 것은 오로지 자기 자신 뿐이다. 따라서 새로운 경력을 쌓아가고 언제든 변신할 수 있는 연예인으로서 살아가는 데 고정된 이미지나 외모가 능사가 아니라는 것을 깨닫고 건강한 연예인으로서 자질을 키워나가는 의지와 노력이 있어야 하겠다.

Part Two
Who & What

최초의 탤런트

우선 탤런트, 배우, 연기자 등 연기를 하는 이들에 대한 개념을 어떻게 정리하느냐에 따라 최초의 인물에 대한 평가가 다소 다를 수 있다. 배우, 연기자 등은 연기를 하는 이들을 포함하는 상위 개념이므로 이 책에서는 좀 더 구체적으로 TV드라마에서 연기를 펼치는 이른바 '탤런트'의 개념을 통해 최초의 연기자를 규정하기로 한다. 최초의 탤런트는 텔레비전 방송국의 개국과 함께 시작된다.

1961년 12월 KBS는 국내 최초로 텔레비전 방송국을 개국하기에 이른다. KBS는 'Korean Broadcasting System'의 약칭으로 한국을 대표하는 공영방송이라는 의미를 담고 있다. KBS는 1927년 경성방송국(호출 부호 JODK)이라는 이름을 통해 라디오방송을 내보내기 시작하면서 국민방송이라는 칭호를 얻게 되었고, 해방 후 1947년 국영방송 서울중앙방송으로 재출범 했다.

이후 1961년 12월 개국과 함께 TV에서 활동해줄 탤런트 26명을 선발한 것이 오늘날 탤런트라는 직업의 시작이 되었다. 사실 이미 이전에도 드라마라는 장르가 존재하긴 했지만,

그 때 출연해 연기를 하던 사람들은 대부분
연극무대에서 활동하던 연극배우이거나,
영화배우들이었다. 따라서 KBS의 개국과 함께
선발된 38명의 인물이 최초의 탤런트라고 할 수
있다.

　탤런트를 뽑는 과정은 일정 이상의 자격을
갖춘 이들에게 선발 기회를 주었는데, 만 16세
이상이면 누구에게나 기회를 열어두었다. 총
2,574명이라는 어마어마한 수의 응모자가 1기
탤런트 시험에 응모하였고 남, 여 각각 13명씩
26명을 선발했다. 합격자는 박병호, 최길호,
정해선(정영자) 등과 함께 김 애리사 등 현역
성우도 포함되어 있었다.

　특이한 경력을 남긴 이들을 꼽자면 국민
드라마였던 〈여로〉의 PD인 이남섭과 결혼한
김난영, 1기 동기 출신인 박병호와 정해선은
부부의 인연을 맺게 되었다. 이들은 TV 드라마,

라디오 등 연기가 필요한 곳에 투입되어 재능을
펼치며 KBS의 개국 1등 공신으로 활약했다.

KBS

KBS는 1961년 12월 31일 호출 부호 HLCK, 채
널 9번으로 국영 TV방송을 개국해 본격적인 한
국 TV 방송의 역사를 시작했다. KBS TV의 개
국 당시 명칭은 '서울 텔레비전 방송국'이었다. 이
어 KBS는 1973년 한국방송공사로 공영방송 체
제로 전환했으며, 2001년부터는 한국방송공사
를 'KBS 한국방송'으로 바꿔 오늘에 이르고 있다.
KBS는 TV 수신료와 광고 수입으로 운영되고 있
으나 공영성 강화를 위해 KBS1과 제1라디오는
1994년 10월 이후 광고를 하지 않고 있다.

배우의 역할

배우의 역할은 정의하는 사람마다 다르다.
주로 이들은 연극, 영화, TV드라마 등의
등장인물로 출연해 대본과 감독의 연출에 따라
연기하는 사람이다. 한국고용직업분류의 직업
예시에서 배우는 모델, 코미디언, 개그맨, 성우,
스턴트맨 등을 포함하고 있다.

배우의 주요 업무는 역할에 맞는 분장을
하고, 대사를 암기하며, 사실적 표현을 위해
극중 인물의 언어, 동작, 버릇 등을 연습해
연기를 하는 것이다.

02

최초의 가수

　한국 최초의 가수를 정하는 기준은 그것이 대중음반을 취입한
사람인지, 혹은 무대에 서서 노래를 부르기 시작한 사람인지에
따라 견해차가 있다. 한국 최초로 음반을 낸 사람은 명창
박춘재이다. 그러나 '가수'라는 포괄적인 의미로 볼 때는 한국
최초의 소프라노인 윤심덕이 최초의 가수로 꼽히곤 한다.
　우선 우리나라에 음반이 등장한 역사를 거슬러 올라가면
100년을 훌쩍 넘긴다.
　1895년 선교사이자 의사였던 H.N.알렌이 미국의 시카고에서
열린 만국 박람회에서 약 십여 명의 한국의 소리꾼을 초빙한 일이
최초의 대중음악인들의 음악공연이라고 할 수 있다. 이 때 함께
미국에 동행했던 박춘재 명창이 레코드를 발매했는데, 이것이

최초의 음반으로 꼽히고 있다. 귀국 후에도 박춘재 명창은 납판
녹음기로 녹음한 음반을 고종 앞에서 보여주기도 하며 재주를
뽐내기도 했다.

박춘재는 한국 가요계의 왕이라고 불리는 조용필 못지않은
인기를 누린 인물이다. 그 인기가 얼마나 대단했던지
'국악천재'라는 별명이 이름처럼 따라 다녔다고도 한다. 그는
소리는 물론 요즘의 아이돌처럼 재담과 무대 공연에 이르기까지
어느 것 하나 빠지지 않는 재주꾼이었다. 그는 궁궐안의 음악
행사를 담당하는 총감독 격의 가무별감직을 수여 받아, 시대가
어지럽고 힘들 때마다 궁을 찾아 임금은 물론, 궁궐 사람들의
피로를 위로해주는 공연을 벌였다.

현재 그의 업적과 재능을 기리기 위해, 종로구 창덕공원에 높이
2m, 지름 3.5m 규모의 동상을 제작했으며, 도로 재정비에 따라
그 앞 쪽 도로를 '박춘재 거리'로 명명하기도 했다.

박춘재의 장손이자 화가인 박진홍은 "한국에서 처음 음반을
취입한 할아버지의 위업을 기려 동상 기단을 레코드판 모양으로
디자인했다"고 전하기도 했다. 그에 따르면 돌배기였던 영친왕이

박춘재 명창

**대한민국 국악인으로 조선시대
경기속요 명창이다.**

누구도 말리지 못할 만큼 우는 통에 하루도 편히 쉴 날이 없던
나날이었는데, 박춘재 명창이 어르기 시작하면 언제 울었냐는 듯
울음을 그친 일화까지 전해진다고 한다. 그 인연이 이어져
레코드를 취입하고자 일본에 건너갔던 박춘재 명창과 볼모로
잡혀 있던 영친왕이 20년 만에 다시 만나 울음으로 재회했다는
이야기도 유명하다. 박춘재 명창이 음반을 내기 위해 일본까지
넘어가야 했던 것은 시대적인 배경과 무관하지 않다.
1910년까지는 미국인들이 음반 산업을 주도했으나 그 후에는
일본에 주도권이 넘어갔기 때문이었다.

　이때까지만 해도 일본 회사들의 경영 방침은 한국인들의
취향에 맞는 소리를 취입하는 것이었는데, 그래서 간혹 회사
상표에 태극무늬를 넣기도 했다. 그렇게 조선만의 소리에
열광하던 일본인들은 1926년, 윤심덕의 '사의 찬미'가 선풍적인
인기를 끌자 서구적이면서도 외래의 음색이 짙은 음반들을 너도
나도 내놓기 시작했다. 이때의 열풍이 지금까지도 이어져오고
있다.

사의찬미

1962년 발표된 번안가요. 윤심
덕 작사, 이바노비치 작곡

가수의 역할

가수는 노래를 부르는 것이 직업인 사람이다. 악단이나 녹음된
반주에 맞추어 방송국이나 콘서트 무대 등에서 대중적인 노래를
부르거나 고전음악과 가곡을 노래하는 사람이다. 자신이 부르는
노래를 직접 작사, 작곡하는 '싱어송라이터'도 있으며, '랩'을
만들어서 부르는 '래퍼'도 가수에 포함된다. 한국고용직업분류의
직업 예시에서 가수는 대중가요 가수와 성악가 등으로 규정하고
있다.

하지만 우리가 일반적으로 연예인으로서 가수라고 할 때에
성악가는 포함하지 않는다.

가수는 작사, 작곡된 악보를 보고 피아노, 기타 또는 녹음된
악단의 반주에 맞추어 리듬을 확인하고 노래를 연습하며,
화음·멜로디·리듬·발성에 대한 지식을 기초로 노래를 하는 것이
주요 업무다.

그리고 녹음실의 연주 장비에 맞추어 노래를 부르거나,
방송국의 공연장에서 대중을 즐겁게 하기 위해 음악에 맞추어
노래를 부른다. 그리고 대부분의 가수는 노래대회에 입상하거나
개별 방법으로 작곡가나 음악회사에 발탁되어 음반을 취입하고
연예계에 데뷔한다.

최근에는 대중매체의 발전으로 직접 관중 앞에서 노래를
부르는 것보다 미디어를 통해 대중과 소통하는 경우가 많아졌다.
말하자면 가수가 콘서트 등으로 대중과 직접 소통하는 경우도
있지만, 음반 출시나 TV 음악 프로그램에 출연하는 경우가 더
많아졌다는 말이다.

이 외에도 영화나 TV드라마 또는 예능 프로그램 등에 출연해
대중의 인기를 얻으며 가수로서 인지도를 함께 구축하는 경우도
있다. 따라서 요즘 가수에게는 노래뿐 아니라 외모와 안무 그리고
뮤직비디오와 다양한 TV 프로그램 출연 등도 중요한 업무 영역이
되었다.

개그맨(코미디언)

최초의 개그맨

우리나라 최초의 개그맨은 윤부길이라고 할
수 있다. 윤부길은 1940년에 창단된 〈콜롬비아
가극단〉의 창립 멤버로 그는 이곳에서 재치와
만담, 웃음을 선사하기 위한 극을 펼쳐보였다.

그는 원래 성악을 전공한 음악인이었다.
1912년 전남 보령에서 출생해 일본으로 건너가
음악을 전공하였으며 귀국 후에는 동료인
박용구, 황문평과 함께 콜롬비아 가극단에
입단해 웃음을 선사하는 최초의 개그맨으로
활동했다. 이른바 오늘 날의 〈개그콘서트〉나,
희극인들의 꽁트 같은 만담 형식의 극에

참여했다.

윤부길은 가극단의 주요 테마였던
〈콩쥐팥쥐〉, 〈견우직녀〉에 출연하며 주목을
받기 시작했으며, 이 두 작품은 우리나라
최초의 오페라로도 기록되어 있다.

일반적인 연극 무대와 달리 그의 연기 안에
코미디가 가미되기 시작한 것은 '복화술'을
적용하면서 부터였다. 복화술이란 원래
예언자들이 입을 가만히 둔 채 복식호흡을 하며
배를 통해서 소리를 내어 본래 목소리의 출처를
은폐하는 기술에서 시작되었다.

복화술이 연극과 쇼에서 쓰일 때는 실제 말하는 사람이 아닌 제 3자, 혹은 다른 원천이 이야기하는 것처럼 화자가 극을 꾸며낸다. 특히 인형극에서 많이 쓰이는데, 화자가 입을 움직이지 않고 목소리를 내면서 마치 인형이 이야기하고 있는 것 같은 속임수를 쓰는 것이다. 실제로 마술처럼 완벽한 속임수가 아니라 관객들도 화자가 이야기하고 있다는 것을 잘 알지만 인형이라는 다른 매개체가 어리숙한 화자의 마음을 읽는다든지, 촌철살인의 말을 함으로써 관객에게 화자의 우스꽝스러움을 강조하는 수단으로 주요 사용된다. 결국 복화술 인형극은 인형과 조종하는 조종사가 한자리에서 대화극처럼 서로 주고받는 즉석 대화에 그 매력과 생명이 있다. 발화 원천인 목소리 연기자가 눈앞에 등장하고 있지만 그가 실제로 말하고 있는지

눈치 챌 수 없는 셈이다.

윤부길은 미국에서 유행하고 있던 이 복화술을 배워와서 극에 적용 시켰다. 함께 일했던 이들의 증언에 따르면 윤부길의 개그맨으로서의 자질은 〈춘향전〉의 '방자' 역할에서 특히 빛을 발했다고 한다. 그는 허리춤에 전화기를 차고 나와서 관객들을 깜짝 놀라게 했다고 한다. 당시만 해도 코미디라는 장르가 확립되지 않았을 때라 웃음을 주는 요소라는 것이 만담을 나누거나 재미있는 노래를 부르는 정도에 지나지 않았던 터라, 윤부길의 그와 같은 시도는 신선한 웃음으로 다가왔다.

물론 그를 '개그맨'이라고 부른 이들은 당시로서는 없었지만, 이처럼 웃음 요소를 연구 개발하고, 성악을 공부한 역량을 발휘해 반주와 작곡에도 힘을 쓰며 나중에는 시나리오와 의상,

무대장치까지 두루 섭렵한 그는 분명 전방위적인 개그맨으로서
최초의 인물로 손색이 없다.

　해방 이후 〈부길부길 쇼〉라는 극을 이끌었으나 45세라는 젊은
나이에 그만 숨을 거두었다. 1957년 새벽 예배 중에 일어난
일이었다. 짧은 생애였지만 새로운 시도를 멈추지 않으며
우리나라 희극과 개그, 코미디의 근간을 세운 윤부길의 업적은
지금도 많은 후배들에게 귀감이 되고 있다.

복화술

복화술은 고대 이집트 · 헤
브라이 · 그리스 등에서 근
원을 찾아볼 수 있는데, 사
제나 예언자가 이 방법으
로 신탁이나 기적을 행하
였으리라 짐작된다. 현재
도 아프리카의 줄루족, 뉴
질랜드의 마오리족 등 미
개 민족 사이에 복화술이
남아 있다.

개그맨의 역할

우선 용어부터 차근차근 짚어보자. 먼저
코미디언이란 희극을 전문으로 연기하는
연기자, 즉 남을 웃기는 사람이다. 비슷한
용어로 희극배우, 개그맨, 어릿광대 등이 있다.
코미디언과 개그맨은 거의 비슷한 용어지만,
국내에서 1970년대부터 몸짓으로 웃기는
코미디언과 달리 재미있는 말을 위주로 웃기는
개그맨이 등장하며 차별화되었다. 여성의
경우는 개그우먼으로 부른다.

개그맨들의 활동 범위는 다양하다. 예능
프로그램에 출연해 웃음을 선사하는 연기를
하기도 하며, 꽁트나 연극을 만들어 출연하기도
한다.

연기를 한다는 점에서 배우와 본질적으로
다르진 않지만, 오늘날 우리가 개그맨이라고 할
때에는 웃음을 유발하는 프로그램에
출연하거나, 그러한 극을 주도하는 연기자를
뜻한다고 할 수 있다. 한국에서는 개그맨들이
단독으로 쇼를 진행하지는 않지만, 외국의
경우엔 입담이 좋은 이들이 홀로 무대에서 연신
이야기를 늘어놓으며 웃음을 제공하기도 한다.

최초의 모델

우리나라 최초의 모델은 최초의 패션쇼로 거슬러 올라가 찾아볼 수 있다. 패션쇼의 기원은 명확하게 밝혀진 바 없지만 1800년대 프랑스 파리의 살롱들에서 옷을 입고 퍼레이드를 벌이는 일이 주기적으로 일어난 데서 주로 그 유래를 찾고 있다. 이 때 옷을 입고 활동하던 사람들을 '패션모델'이라고 부르기 시작했다고 한다.

서양 국가에서는 비교적 오래된 직업이지만 한국은 1950년대가 되어서야 패션과 관계된 직종과 산업이 발달하기 시작했다.

물론 의복의 생산과 제조는 오래전부터 이루어지고 있었지만, 주로 생활필수품으로서 여겨졌지 유행을 따라 오로지 멋을 위해 의복을 착용하는 붐이 일어나기엔 척박한 분위기였다.

그렇게 1956년에 이르러서야 국내 첫 패션쇼가 열리게 된다. 그해 10월 디자이너인 노라노(노명자)가 가장 최신식 건물이었던 반도호텔(현재의 롯데호텔)에서 여성복 패션쇼를 개최했다. 일각에서는 한국 패션계의 어머니라고도 불리는 최경자씨가 1955년 5월에 열렸던 '국제 패션쇼'를 최초의 패션쇼로 보고도

있지만, 이때의 자료는 전혀 남아 있지 않아 증거로서 입증되고 있지 않다.

노라노의 여성복 패션쇼에 참가한 여성들은 주로 전문 모델이 아니라 일반인, 또는 영화배우들이었다. 때문에 우리나라에서 직업인으로서 모델 활동을 한 최초의 인물을 가려내는 일은 아직까지 불분명 하다고 한다.

일제 강점기에는 기생이 패션모델의 역할로 의복 퍼레이드를 하기도 하였고, 해방 후에는 몇몇 직업 모델들이 존재했다는 주장도 존재한다.

최초의 패션쇼 당시 활동했던 모델을 살펴보면, 20대 후반의 주부였던 하영애, 영화배우 조미령, 미스코리아 강귀희 등이 대표적이다. 특히 하영애는 주부였지만 1964년까지 모델 활동을 하며 이후 미국으로 이민을 갈 때까지 꾸준히 활약했다.

재미있게도 당시에는 모델 인건비로 옷을 선물로 받았다고 한다. 이런 관례가 이어져 1970년대 초반까지만 해도 3만원 정도의 교통비와 함께 옷 한 벌을 출연료로 받았다고 한다.

이후 전문적인 직업모델이 탄생한 것은 개인 활동이 아닌, 한 학원의 탄생으로부터였다. 1964년 3월, 국제복장학원의 원장이었던 최경자가 전문 모델을 양성하기 위해 '챠밍스쿨'을 개원한다. 이 학원에 등록한 수강생들은 모델로서 역량을 평가받고, 자질을 키워내며 전문 모델로 활동할 수 있었다. 주로 트레이닝을 겸한 과목은 워킹과 포즈 등 모델로서 활동할 때 필요한 기본적인 요건이었다.

1회 졸업생으로 조혜란, 한성희, 송영심, 김혜란 등의 모델이 있으며 이들이 기록상 남아

있는 직업 모델 1호들이다.

이중 이화여자고등학교 출신이었던 조혜란이 가장 주목을
받았는데, 1963년 봄에 열린 앙드레 김의 의상발표회에서 처음
선을 보이고, 특급 모델로 인정받기 시작했다. 그녀는
패션모델이면서 TV 프로그램에 출연해 여성들의 선망의 대상이
되었다. 조혜란의 키 역시 165cm 정도였는데, 아담하고 단아한
외모의 여성들 사이에서 단연 돋보이는 늘씬한 미녀였다.

오늘날 한국의 모델들은 동양인임에도 불구하고 서양인과
다를 것 없이 길고 늘씬한 신장을 자랑하지만 1970년대에는
패션쇼에 서는 모델들을 가려낼 때 160cm 안팎의 아담한
여성들을 선호했다고 한다.

이렇게 아담한 여성들을 선호하던 패션 모델계가 오늘날처럼
장신의 모델들을 찾기 시작한 것은 1985년 미국에서 공부한 뒤
귀국한 모델 김동수 때문이었다. 현재 동덕여자대학교 교수이자,
한국모델학회 회장을 겸하고 있는 그녀는 "내가 귀국한 이후로
키 175cm가 넘는 훤칠한 모델이 나타나기 시작했다"며 "예쁘고
귀여운 여성보단 개성 있는 모델이 주목을 받게 된 계기"라고
말하기도 했다.

모델계의 1.5세대라고 스스로를 규정하는 김동수 세대를 거쳐
2세대 모델들은 전문적인 모델 교육 기관에서 훈련을 받으며
한국 패션계를 들썩이게 만든다. 이 때 탄생한 톱스타들이
진희경, 박영선 등의 톱 모델이다.

이후 1992년 '한국 슈퍼모델 선발 대회'라는 파격적인 공채
시스템을 통해 전문적이면서도 개성 넘치는 모델을 선발하는
대회가 개최되었는데, 1회 우승자가 패션모델이자 MC로
활동하고 있는 이소라다. 최근 세계적으로 인정받으며 한국
모델로서 이름을 떨치고 있는 장윤주, 한혜진, 강승현 등도 이
슈퍼모델대회 출신이다. 이들은 대회를 통해 선발된 뒤, 프랑스의
파리, 미국 뉴욕 컬렉션 무대 등에 서면서 활발한 활동을
이어가고 있다.

모델의 역할

모델은 전시장 또는 패션쇼에서 의복의 기능과 매력이 돋보이도록 다양한 워킹과 포즈를 선보인다. 모델의 사전적 정의는 '일반적으로 회화, 조각, 사진 등 예술상 모방의 대상물 또는 인물'이다. 그러나 연예산업에서 모델은 패션쇼에 출연하거나 광고나 잡지 등에 출연하는 일정 수준의 신체 조건을 갖춘 사람을 말한다. 따라서 일반적으로 모델은 패션모델을 지칭한다고 볼 수 있다.

대부분의 연기자가 연예매니지먼트사에 발탁되거나 방송사의 공개채용을 통해 연예계에 데뷔하는 것에 비해, 모델은 자비로 모델교육을 받은 후 모델 에이전시 소속으로 일하거나 독자적으로 일하며 활동하고 있다.

또 일반적인 패션모델은 신장요건이 무척 중요하지만 화보 및 CF 모델은 생김새 외에도 독특한 분위기나 목소리 등 특정적인 매력을 가진 이들도 모델로서 각광받을 수 있다. 이는 연예산업이 일정 수준 이상의 역사와 트렌드를 거치고 나면 더 새롭고, 신선한 얼굴을 바라는 대중의 기대를 반영하는 결과이기도 하다.

Part Three

Get a Job

배우의 적성과 흥미

　연기자는 배역에 대한 분석력, 창의력, 연기력이 필요하며,
다양한 배역을 소화해 내기위해 음악, 무용, 미술은 물론 풍부한
예술적 지식이 필요하다.
　또한 다른 연기자와의 원활한 대인관계가 필요하며, 자신의
연기를 지속적으로 모니터링 함으로써 다양한 배역을 소화할 수
있는 능력이 필요하다.
　매체에 따른 연기적 특성은 각각 상당히 다른데 연극배우는
일반적으로 유연하면서도 훈련된 음성과 상징적인 동작의
전문가여야 한다. 항상 몸 전체를 보이므로 자신의 신체를
정확하게 통제할 수 있어야 하며 배역에 따라 미세한 동작 차이와
대사 뉘앙스를 표현할 수 있어야 한다.

이에 비해 영화배우는 연극과 달리 음성이나
신체의 구애를 덜 받으며 양식적인 연기 대신
사실주의적 연기를 할 수 있어야 한다.
영화에서는 특히 표정이 중요한데 자신의
사고와 감정이 얼굴에 나타나도록 하는 연기가
필수적이다. 영화 관객은 통상 배우의 얼굴을
관찰하면서 사건의 전개를 이해하려는 경향이
있기 때문이다.

요즘에는 단순히 연기를 잘하는 것뿐만
아니라 작품을 심도 있게 이해하고 받아들일 수
있는 지적인 능력도 함께 요구되고 있다. 보다
나은 연기자는 기능적으로 연기를 하면서,
자신만의 연기 색깔과 철학을 지니고 있어야
하기 때문이다.

배우는 어디서 근무 할까

　방송사의 스튜디오, 영화 촬영 현장 및 세트,
연극 및 뮤지컬 무대 등에서 활동한다.
실내외를 가리지 않고 활동해야 하기 때문에
체력 보강이 필수적이며, 대중에게 외적으로
보여지는 직업인만큼 근무 환경의 불편함이나,
다소의 위험함이 따르더라도 스스로 재치 있게
극복해낼 수 있어야 한다.
　단독으로 근무하는 작업 환경이 아닌 만큼,
작품을 만들어나가는 여러 스태프들과 함께
현장에서 어우러질 수 있는 원만한 인간관계
조성 능력 역시 요구 된다.

연기자의 경우 수입을 거두어들이는 경로가 무척 다양하며, 이는 기획사 혹은 연기자 본인의 의사에 따라 결정된다.

작품 자체만으로 수익을 거둬들일 수도 있으며 작품을 통해 얻은 인지도나 이미지를 바탕으로 기업으로부터 광고 제안을 받아 수익을 올릴 수도 있다. 또한 본인의 인지도 및 이미지를 활용해 캐릭터 상품이나, 관광 상품 등으로 개발해 소비자에게 판매할 수도 있다.

배우의 경우는 드라마, 영화, 뮤직비디오 등에 캐스팅되어 출연하고 받는 출연료(개런티)가 대표적이다. 콘텐츠 제작에 참여하는 것은 직접 용역비 성격의 출연료가 일차적인 매출을 발생하지만, 콘텐츠가 판매된 이후 배우로서의 상품적 가치가 상승하게 되면 이는 새로운 수요 창출로 이어질 기회가 있다는 점에서 출연료의 규모와 상관없이 우선적으로 매우 중요한 매출 창출 분야라 하겠다.

일반적으로 출연료의 규모는 연예인의 상품적 가치에 대한 평가에 따라 상이하지만, 반드시 그렇지 않다. 드라마 출연료의 경우를 보면 경력을 기준으로 출연료의 등급이 설정되어 있기 때문에 출연료가 반드시 대중적 인기도와 비례하지 않을 수 있다(문화체육관광부, 2012). 즉, 인기 있는 신인급인 경우 대중적 인기도는 높지만 연기 경력이 짧은 경우에는 실제 드라마 출연료가 인기도에 비례하지 않는 경우가 있을 수 있는 것이다.

그럼에도 드라마 출연을 해야 하는 이유는 앞서 지적했듯이 드라마 출연이 지속적으로 대중에게 이미지 소비를 하게 함으로써 배우의 기존 상품적 가치를 유지 또는 상승하게 하는 계기가 된다. 그리고 이를 계기로 하여 광고 등과 같은 새로운 상품 매출을 창출할 수 있기 때문이다.

배우가 직접 용역을 제공하여 매출을 발생시키는 분야 중 중요한 분야는 드라마, 영화 및 광고 분야이다. 앞서 지적했듯이 드라마와 영화는 연기자로서의 대중적 인지도와 이미지를 지속시킬 수 있는, 다시 말해 연예인으로서 존재 가치를 확인하는 분야이고, 이러한 연예활동이 새로운 매출 기회를 발생시킨다는 점에서 중요하다.

광고는 다른 콘텐츠 제작보다 용역 제공 시간에 비해 매출이 큰 분야, 즉 매출 창출에 있어서 효율성이 가장 높은 분야이기 때문에 배우에게는 아주 중요한 일이다. 이러한 광고 출연의 기회가 드라마, 영화 등에서 출연한 캐릭터의 이미지 차용과 연계되어 생기기 때문에 배우의 입장에서 볼 때 결국 드라마나 영화에 캐스팅 되는 것이 연예인이라는 직업으로서의 시작이자 핵심적 중요 사항이 된다.

연예산업의 매출 중에서 광고 매출의 비중이 높지만, 문제는 광고 시장이 언제나 안정적인 시장이 아닐 수 있다는 점이다. 광고의 수요와 필요성은 항상 존재하지만, 일반 기업들은 경제적 상황이 좋지 않을 경우에는 광고

제작비를 우선적으로 줄이는 경향이 있다. 지난 2008년 세계적으로 경제 침체 상황이 발생했을 때 연예인의 광고 출연 기회가 이전에 비해 30%에서 많게는 50% 이상까지도 축소되었다는 것은 이를 말해주는 것이다.

한편 드라마, 영화의 캐스팅에서도 항상 캐스팅이 되는 것은 아니기 때문에 매출의 발생이 일정하지 않다. 이러한 매출 창출의 핵심 분야에서의 불안정성 과 비항상성은 연예시장의 주요한 특성이라 하겠다.

또한 배우가 연예용역의 대가로 받는 출연료 이외에 해당 영상콘텐츠에 대한 권리 문제가 있는데 아직 여기까지 구체적으로 규정된 사항은 없다. 하지만 앞으로 이 부분도 합리적으로 해결해 나가야 할 것으로 본다. 현재에는 간혹 드라마의 경우 재방과 삼방에 대해서는 일정하게 정해진 비율에 따라 배우에게 출연료가 추가로 지급되는데 그 이외에는 어떻게 활용되고 유통이 되더라도 아무런 매출을 발생시키지 않는다. 즉 배우는 본인이 연예용역을 제공한 콘텐츠에 대해 어떠한 권리도 행사 할 수가 없는 실정이다.

　연기자의 이러한 수익은 연예인이 모두 다 가지는 것이 아니다.
이 수익은 연기자와 그 연기자가 소속된 기획사와의 계약관계에
따라 분배를 달리 한다. 가령 개인의 성과에 따라 수익 분배를
결정하기도 하며, 성과에 상관없이 계약 조건에 따라 수익을
나누기도 한다.

　연예인과 기획사 간의 이러한 계약은 계약기간, 계약금 유무,
투자금, 인센티브 등 계약에 따른 조건이 너무도 다양하고 복잡해
연기자 각각의 상황에 따라 천차만별로 다를 수밖에 없다. 국세청
자료에 따르면, 연예인 2만 1,817명 중 탤런트의 평균 수입은
1인당 3,300만원으로 집계되었다고 한다.

배우 준비 기관 및 과정

교사가 되기 위해서는 사범대학이나
교육대학 또는 교직과정을 나와야 하는 것처럼
배우가 되기 위해서는 이러 이러한 교육기관을
거쳐야 한다는 것은 없다.

기획사 오디션 및 캐스팅, 영화 및 드라마
제작사의 공개 오디션 등을 통해 배우로 데뷔할
수 있기 때문에 배우가 되는 정규 과정이 없다.
다만 연기학원이나 연예 관련 학과에서 연기와
관련된 이론과 실무를 배울 수 있지만 이
과정을 졸업한다고 하여 연예인이나 배우가
되는 것은 아니다.

특히 영화의 경우 시나리오에 맞는 인물을
찾으려고 기성 배우들에게 시나리오를 건네
섭외하기도 하지만, 새로운 인물을 발굴해
대중에게 선보이기 위해 공개 오디션을 열기도
한다.

많은 배우들이 이러한 영화 제작사 오디션을
통해 데뷔하기도 한다.

이처럼 배우가 되는 길은 정해져 있는 것이
아니라서 별도로 준비하는 것보다는 영화나
드라마 현장과 관계를 가지면서 스스로
준비하거나 기획사를 통해 준비하면서
배우로의 진출 기회를 기다릴 수밖에 없는
실정이다.

출연계약서 (배우)

영상물 등 제작업을 영위하는 ㈜_____(이하 '갑'이라고 한다)와 _____(이하 '을'이라고 한다) 및 을의 소속사 ㈜_____(이하 '병'이라 함. 단 을의 소속사가 없는 경우는 해당 없음)은 갑이 제작하는 영상물 _____(가제)(이하 '프로그램'이라 한다)에 대한 출연계약을 다음과 같이 체결한다.

〈다 음〉

프로그램	제목		000000 (가제)
	장르 및 회수		(미니시리즈) / 총 00회 예정
	방송사		
	방송 예정일		0000년 00월 00일부터 주 0회 방송
지급내역	출연료	자유계약	1회당 금 원
		등급계약	1회당 00등급에 준하는 계약
	지급방법		방송 후 10일 이내에 지급
특약사항	*상기 출연료는 자유계약의 경우는 일체의 수당이 포함된 금액이다. *등급계약의 경우는 상기 출연료 이외에 야외비, 일비, 식비를 갑의 지급규정에 의거하여 지급하여야 한다.(단, 일비와 식비를 야외비에 포함하여 야외촬영 1일 당 총 비용을 00만원으로 할 수 있다.) *본 프로그램에 대한 갑이 소유한 지상파 및 케이블, 위성을 통한 전송권은 갑에게 양도한다. *본 프로그램의 국내외 유통 및 2차적 저작물 작성권, 그리고 본 프로그램과 관련된 초상권, 성명권의 상업적 사용권(이하 '퍼블리시티권')은 갑에게 있는 것을 원칙으로 한다. 이에 대한 구체적인 규정은 6조의 내용을 따르며, 이 원칙에 근거한 별도의 서면 합의가 없는 한, 을의 권리는 갑에게 일괄 양도된 것으로 간주한다.		

제 1 조 (계약의 목적)
본 계약은 갑이 제작하는 프로그램에 을이 출연하기로 합의하고 이에 필요한 당사자 간의 권리와 의무를 정함을 목적으로 한다.

제 2 조 (계약기간)
본 계약은 체결일로부터 효력을 발생하며, 본 계약에 따른 을의 모든 서비스의 제공이 완결될 때 종료된다.

제 3 조 (계약의 대상)
본 계약의 대상이 되는 프로그램의 제목과 내용은 다음과 같다.
1. 프 로 그 램 명 : "   " (가제)
2. 제 작 형 식 : 00000000, 총00회
3. 방 송 일 정 : 0000년 00월 00일 ~ 0000년 00월 00일까지 (예정)
4. 제 작 사 :

제 4 조 (갑의 의무)

(1) 갑은 본 계약에서 정하는 바에 따라 을에게 출연료를 지급한다. 출연료의 지급방식은 을과 병이 합의하여 지정하는 다음 계좌에 입금하는 형식으로 한다. 갑은 을의 요청이 있는 경우에 출연료의 내역 및 증빙을 제공하여야 한다.

계좌번호 :

(2) 갑은 본 프로그램과 관련한 제작사업 전 과정에서 을의 신체적, 정신적 준비상황을 고려하여야 하며, 특히 을의 프라이버시나 인격을 훼손하지 않도록 선량한 관리자의 주의의무를 다하여야 한다.

(3) 갑은 을이 자신의 능력을 발휘할 수 있는 환경을 제공하기 위하여 최선을 다해야 한다. 이를 위하여 갑은 을에게 프로그램의 촬영에 필요한 대본을 촬영일 [3]일 전까지 을에게 제공하여 을이 프로그램의 내용을 숙지하고 촬영에 임할 수 있도록 하여야 한다. 1일 최대 촬영시간은 대기시간 및 촬영을 위한 이동시간을 포함하여 [18]시간을 초과할 수 없으며, 1일 최대 촬영시간을 [3]일 이상 지속할 수 없다.

(4) 갑이 예정한 스케줄 이내에 촬영을 완료하지 못하여 추가 촬영을 하여야 하는 경우, 갑은 을의 다른 일정에 방해가 되지 않도록 추가촬영 일정을 신속히 협의하여야 하며, 이로 인해 발생하는 야외촬영 수당을 지급하여야 한다. 단, 촬영이 지연된 이유가 천재지변 등 갑의 능력으로 통제할 수 없는 경우에 한한다.

(5) 동일한 장소에서 장기간에 걸쳐 고정적으로 촬영하는 경우, 갑은 을이 촬영장에서 충분히 휴식을 취할 수 있는 시설(화장실, 식사 공간 등의 편의시설)을 제공하여야 한다.

(6) 갑은 을이 갑의 연출이나 연출에 필요한 일반적인 지시에 따른 행위 중에 사고를 당하는 경우는 이에 필요한 조치를 적극적으로 취해야 한다.

(7) 갑은 을이 미성년자인 경우에 을의 신체적, 정신적 건강 및 학습권, 수면권 등이 침해되지 않도록 하여야 하며, 을이 폭력적인 장면이나 선정적인 장면에 출연하거나 노출되지 않도록 최선을 다해야 한다.

(8) 해외 촬영이 있는 경우, 갑은 촬영 내용, 체류 기간, 제반 비용, 동반자의 범위, 여행보험 및 안전에 대해 을과별도의 협의를 하여야 한다.

(9) 갑이 본 계약에 정해진 방송일정을 변경하는 경우는 부득이한 경우로 한하며, 이로 인하여 을의 다른 스케줄이나 업무가 방해되지 않도록 사전에 협의하고 조율할 의무를 진다.

(10) 갑은 본 계약에서 정하지 않은 부분에 대하여 을이 자신의 능력 발휘와 권리 보호를 위하여 을이 속한 상위 단체를 통하여 협의를 요청하는 경우, 이에 성실하게 임해야 한다.

제 5 조 (을 및 병의 의무)

(1) 을은 대중문화예술인으로서 필요한 재능과 역량을 최대한 발휘하여 본 프로그램의 제작에 필요한 모든 서비스를 성실히 제공하여야 한다. 또한 병은 을의 서비스 제공이 원활히 이루어질 수 있도록 병으로서 필요한 모든 의무를 부담하고 을의 의무를 보증한다. 당사자는 본조 의무이행의 구체적인 방법과 시기에 대하여 사전에 협의하여야 한다.

   1) 촬영 전

   ① 을과 병은 신체적, 정신적으로 최선의 상태로 촬영에 임할 수 있도록 준비하여야 한다.

   ② 을은 갑(갑이 지정하는 자를 포함한다. 이하 같다)의 요청에 따라 본 프로그램의 작품분석, 작품협의, 리허설, 워크숍, 국내외 제작발표회 및 프로모션 참여 등과 관련한 용역을 성실히 제공한다.

   2) 촬영기간 중

   ① 을은 갑의 본 프로그램 제작과 관련한 지시나 요청을 따른다. 촬영 개시일로부터 촬영 종료일까지 본 프로그램에만 전념하는 것을 원칙으로 하되, 만일 다른 영상물이나 광고 등

대중문화예술인으로서의 활동을 하는 경우에는 사전에 갑과 일정에 대해 상의함으로서 갑의 프로그램 제작에 지장이 없도록 최선의 노력을 다하여야 한다.

② 을은 갑이 제작하는 프로그램에 대한 모든 연출적 상황(연기, 의상, 분장, 미용, 코디네이션 등)에 대해 연출자와 상의 하에 최선의 협조를 다하여야 한다.

③ 을은 갑이 제시하는 촬영 조건(촬영대기 시간엄수, 연출자의 관리 통제 이행, 해당 드라마와 연기에 충실할 의무 등)을 충실히 수행해야 한다. 을의 계약 불이행으로 인해 갑은 물론 다른 출연자들이 피해를 입지 않도록 하여야 하며, 이로 인해 갑에게 손해가 발생하는 경우는 을은 이에 대한 보상의 책임을 진다.

3) 촬영 후

① 을은 갑이 보충촬영, 재촬영, 사후녹음 등의 서비스의 제공을 요청하는 경우에 이에 협조할 의무가 있다.

② ①항의 경우, 전체 촬영 기간이 7일을 초과할 수 없으며 그 기간 동안 발생하는 비용에 대해서는 별도의 야외수당을 지급하여야 한다. 7일을 초과하는 경우는 별도의 합의에 따라 정한 비용을 지급하도록 한다.

(2) 홍보, 마케팅 관련 용역제공 및 퍼블리시티권의 제공

① 을은 본 프로그램의 홍보와 관련된 갑의 요청에 적극 협조하여야 한다. 을은 프로그램의 홍보활동[포스터 촬영, 예고편 제작, 홍보 인터뷰(일간지, 스포츠지, 방송 등) 등을 포함하나, 이에 한정하지 않는다]에 최대한 협조할 의무가 있다. 갑은 위 홍보활동에 필요한 일정이나 비용 부담 등에 대하여 사전에 을과 협의하여야 한다.

② 을은 갑이 본 프로그램의 부가사업[출판사업, 메이킹DVD, 컨셉DVD, 화보사업, 캐릭터사업, 비디오 멀티미디어사업, 인터넷사업, VOD사업 등 모든 2차적 저작물 관련사업 및 초상 및 성명권의 상업적 사용(퍼블리시티권) 관련 사업 등]을 함에 있어, 본 프로그램에서의 을의 모든 실연, 퍼블리시티권 등을 사용하기 위해서는 을의 동의를 구해야 하며, 이를 통해 발생하는 수익에 대한 분배에 관해 합의하여야 한다.

③ 갑은 을의 퍼블리시티권을 사용함에 있어, 을의 품격과 이미지를 훼손하거나 침해하지 않도록 하여야 한다.

④ 갑은 본 프로그램과 관련 없이 을의 초상(퍼블리시티권 포함) 및 실연 등을 사용할 수 없다.

(3) 보증

① 갑은 프로그램의 제작에 필요한 저작권 등 모든 권리를 확보하였으며, 프로그램이 타인의 저작권이나 지적재산권, 명예나 프라이버시 등을 침해함으로서 을의 명예를 훼손하지 않도록 최선의 노력을 다하여야 하며, 만일 이로 인하여 법적 분쟁이 발생한 경우에 을을 면책시킬 의무가 있다.

② 을은 본 프로그램의 제작 방영과 관련하여 사회적 물의(마약, 간통, 사기 등의 죄로 형벌을 받을 경우)를 일으키거나 대중문화예술인으로서의 품위를 손상시키는 행위를 하지 않아야 한다.

제 6 조 (권리의 귀속)

본 계약으로 제작된 프로그램의 권리 귀속은 다음과 같다. 다만 당사자의 합의로 대상, 지역, 조건 및 방법 등에 대하여 별도로 합의할 수 있다.

(1) 본 프로그램에 대한 갑이 소유한 지상파 및 케이블, 위성을 통한 전송권은 갑에게 양도한다.

(2) 갑은 본 프로그램을 IPTV나 극장, 인터넷 유료, 무료 채널에 배포할 권한을 가지며, 이로 인해 발생한 수익은 을과 합의한 비율에 따라 배분하여야 한다.

(3) 갑은 본 프로그램을 활용한 2차적 저작물(메이킹DVD, 컨셉DVD, 홈비디오, 비디오 CD,

본편 DVD, O.S.T 음반의 제작 및 배포, 모바일 및 인터넷 전송, 모바일 및 컴퓨터 게임을 포함한 모든 게임 제작 및 출시, 도서의 출판, 캐릭터의 사용, 사진 등을 활용한 각종 상품화 및 스핀오프 콘텐츠를 포함한 모든 2차적 저작물의 작성권, 해외 배급 등 본 프로그램으로부터 발생또는 파생 가능한 직접적, 간접적인 모든 지적 재산권)을 생산할 수 있다. 이 경우, 갑은 을의동의를 얻어야 하며, 이로 인해 발생하는 이익에 대해서는 을과 별도로 합의하여 배분하여야한다.

(4) 갑은 본 프로그램 중에서 을의 실연 부분 전체는 물론 일부를 편집하거나 재가공하여 서비스하는 경우는 을의 동의를 구해야 하며, 이러한 2차적 저작물로 인한 수익도 을과 별도 합의를 통해 합리적으로 배분하여야 한다.

(5) 이상의 갑의 권리는 본 프로그램의 상업화와 관련된 것에 한정되며, 본 프로그램의 상업화와 관련된 범위를 넘어서 사용할 수 없다. 갑은 본 프로그램의 상업화를 함에 있어서 을의 명예나 인격권 등을 해하지 않도록 주의할 의무가 있다.

(6) 갑은 효율적인 업무처리를 위하여 을이 속해 있는 상위단체와의 일괄 협상을 통하여 권리관계를 정할 수 있으며, 이러한 경우 특별한 사유가 없는 한 을은 이에 따라야 한다.

(7) 을이 소속된 상위단체가 없는 경우에도 연관 상위단체들이 단체협약으로 정한 배분비율을초과하는 협상을 할 수는 없다.

제 7 조 (촬영 개시 전 계약의 불이행 및 촬영의 중단)
(1) 본 계약서는 촬영 개시 2주 이전에 체결하는 것을 원칙으로 하며, 계약서에 서명한 이후부터 즉시 효력을 지닌다.
(2) 본 계약을 근거로 을이 출연을 결정하고 촬영을 시작하지 않은 시점에 정당한 이유 없이갑이 본 계약을 해지하는 경우에는, 갑은 본 계약서에서 정한 전체 출연료의 25%를 을에게 지급하기로 한다.
(3) 본 계약을 근거로 갑이 출연을 결정하고 촬영을 시작하지 않은 시점에 정당한 이유 없이을이 본 계약을 해지하는 경우에는, 을은 본 계약서에서 정한 전체 출연료의 25%를 갑에게 지급하기로 한다.
(4) 본 계약을 근거로 사전 촬영을 시작하였으나 본 계약 체결 이후 방송국 사정에 의해 편성이 되지 않는 경우, 갑은 이미 촬영된 회수를 기준으로 50%의 출연료를 을에게 지급하여야 한다.

제 8 조 (프로그램 편성의 증감 및 내용의 변경)
(1) 갑이 프로그램을 연장하거나 감축할 필요가 있는 경우에는 반드시 을과 사전에 서면으로합의하여야 한다. 특히 연장의 경우는 연장 촬영분 개시 2주전에 합의를 완료하여야 한다.
(2) 프로그램을 연장하는 경우, 갑과 을은 출연료 등 계약 조건에 대하여 별도로 합의하여야한다.
(3) 갑은 프로그램을 조기종영 하고자 하는 경우, 본 계약서에서 정한 출연료를 기준으로 하여잔여 회수의 25%를 을에게 지급하여야 한다. 단, 을이 속한 상위 단체와의 협약이 있는 경우는 그 정한 바를 따르기로 한다.
(4) 대본의 내용에 의거하여 촬영하였으나 편집 과정에서 삭제되어 방송되지 못하는 경우, 갑은 을에게 본 계약서에서 합의한 제반 비용을 지급하여야 한다.
(5) 대본에서 정하지 않은 내용을 촬영하여 방송하는 경우, 이미 방송된 내용을 재편집하여 회상 장면과 같이 다른 회수에 방영하는 경우 등과 같이 본 계약에서 정하지 않은 내용이 발생하는 경우는 을이 속한 상위 단체와의 협약을 기준으로 적용하기로 한다.

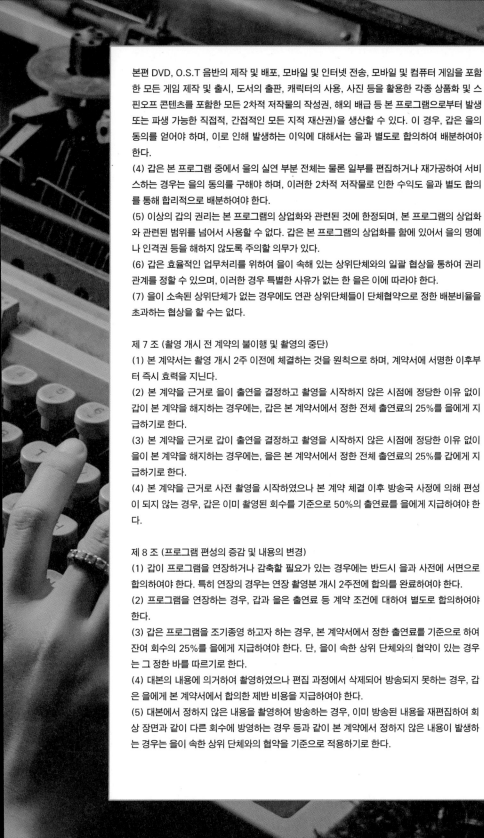

제 9 조 (비밀유지)

당사자는 상대방의 동의 없이 본 계약 내용 및 본 프로그램 제작과정에서 알게 된 정보를 제3자에게 누설해서는 안 된다.

제 10 조 (계약 해제 및 손해배상)

(1) 당사자는 천재지변, 전쟁, 기타 객관적으로 통제할 수 없는 불가항력적인 여건으로 인하여 계약을 유지할 수 없는 경우에 본 계약을 해제할 수 있다.

(2) 당사자는 불가항력적인 이유로 인해 본 프로그램의 계속적 출연이 불가능할 경우에 그 사실을 즉시 상대방에게 통보하여야 하며, 이 경우에 이미 지급 받은 출연료 중에서 촬영이 종료되지 않는 횟수의 비율로 약정 출연료를 반환한다.

(3) 당사자가 정당한 이유 없이 본 계약을 위반하는 경우에 1주일의 기간을 정하여 그 시정을 요구할 수 있으며, 그 기간이 지나도록 시정되지 않는 경우에는 계약을 해제할 수 있다.

(4) 당사자는 계약의 불이행으로 상대방에게 발생한 모든 손해를 배상할 책임이 있다.

(5) 만일 갑의 출연료 지급의무 이행을 지체하는 경우에, 을은 지급의무이행이 완료될 때까지 잔여 프로그램의 출연을 거부할 수 있다. 또한 이로 인하여 프로그램의 방송에 지장이 초래됨으로써 을에게 손해가 발생하는 경우, 갑은 갑의 비용으로 이를 보상하여야 한다.

제 11 조 (위임 등의 금지)

당사자는 본 계약상 권리나 의무 또는 지위의 전부 또는 일부를 상대방의 사전 서면 동의 없이 제3자에게 양도, 이전, 위임, 위탁할 수 없다.

제 12 조 (책임면책 및 보험)

(1) 갑은 본 프로그램의 촬영 기타 제작과 관련하여 을에게 발생할 수 있는 위험에 대비할 목적으로 상해보험을 가입해야하며, 이러한 사고로 인한 본 건 프로그램의 제작지연 등의 책임에서 을 또는 병을 면책시켜야 한다.

(2) 갑은 본 프로그램의 제작 중에 을 또는 병의 고의 또는 과실로 발생한 여하의 사고에 대하여 민사 및 형사상의 책임을 지지 않는다.

제 13 조 (분쟁 해결)

(1) 갑과 을 및 병 사이에 본 계약과 관련하여 분쟁이 발생할 경우에는 OO법원을 전속 관할로 한다.

(2) 당사자는 본 계약서에 명시되지 않은 사항이나 변경 및 보충 사항에 대하여 별도로 합의할 수 있다.

제 14 조 (기타)
(1) 본 계약서에 명시되지 않은 사항에 대해서는 법령, 일반적인 상관례에 따른다.
(2) 본 계약서에서 명시하지 않은 내용 및 별도 합의를 명시한 내용을 규
정하기 위하여 부속합의서를 작성할 수 있다.

제 15 조 (이행의 보증)
(1) 을 및 병은 본 계약서에 규정된 의무 등 제반 사항을 상호 연대하여 준수하기로 한다.
(2) 병은 을의 매니지먼트 및 에이전시 회사로서 본 계약상의 을의 법률행위에 대한 위임권을
적법하게 보유하고 있음을 보증한다.

아래의 계약 당사자는 상기의 조건을 포함하는 첨부 계약내용에 대해 합의하고 본 계약을 체결
하며, 이를 증명하기 위하여 계약서 3통을 작성하여 갑과 을 및 병이 각 1통씩 보관한다.

년   월   일

"갑" 상   호:
사 업 자 번 호:
소   재   지:
대   표:

"을" 성   명:
주민등록번호:
주   소:

"병" 상   호:
사 업 자 번 호:
소   재   지:
대   표:

가수의 적성과 흥미

가수는 뛰어난 노래 실력과 청력이 필요하며, 새로운 음악과 다양한 모습을 보여주기 위해서 창의력을 갖추어야 한다. 끼가 필요하고 많은 사람들 앞에서 노래를 부르고 춤을 출 수 있는 적극적이고 활발한 성격을 가진 사람에게 적합하며, 인내와 끈기가 있어야 한다. 예술형과 사회형의 흥미를 가진 사람에게 적합하며, 정직, 인내심, 신뢰성, 책임감 등의 성격을 가진 사람들에게 유리하다.

가수는 어디서 근무 할까

방송국, 뮤지컬 무대, 콘서트 홀, 녹음실
등에서 주로 활동한다. 노래를 부르기 위한
컨디션 확인은 물론, 자신이 오르는 무대의
음향 상태나 환경을 인지하고 확인해, 노래를
부르는데 어려움이 없어야 한다.

음반은 주로 녹음실에서 녹음하며 연주자,
작곡 및 작사가 등과 함께 작업하거나 본인이
음반을 제작하기 위한 노래를 직접 작사
작곡하기도 한다.

가수의 수입 종류와 규모

단순히 노래만을 부르는 가수들은 콘서트, 방송출연료 등을 기반으로 수익을 올리지만 직접 작사 작곡을 하는 뮤지션들의 경우 주요 수입원은 저작권료이다. 그러나 저작권 수입을 올리지 못하는 가수들이 훨씬 더 많다.

이들 가수들의 수입 역시 배우와 마찬가지로 소속사와의 계약에 따라 분배되며, 그룹으로 활동할 때에는 멤버들과의 수익 분배 또한 계약에 의하는 경우가 많다.

만일 소속사 없이 활동한다면 수익을 분배하지 않아도 되지만 가수를 위하여 일을 하는 사람들에게 직접 급여를 지급해야 한다. 아니면 가수 본인이 개인적으로 음반의 유통 및 홍보까지 모든 일을 직접 처리해야 하기 때문에 여러 가지로 힘든 경우가 많다.

가수는 가창을 기본 연예역량으로 삼는 연예인으로서, 가수라는 존재를 확인하는 콘텐츠는 음악, 즉 가요라고 할 수 있다.

우선 가수는 음반 또는 음원 제작에 참여를 하는데 이때 배우의 출연료와 같은 연예용역 제공에 따른 직접적인 대가를 받지 않는다. 대신에 실연자로서 실연권료를 받는다. 그리고 배우와 달리 제작된 콘텐츠에 대한 일정 부분의 권리를 갖고 있다. 그래서 가수는 제작에 참여한 콘텐츠, 즉 가요가 음악시장에서 판매가 될 때마다 가수(연예인)의 수익이 발생하는 것이다.

그런데 음반시장의 침체와 2000년대 초반에 규정된 디지털음원 서비스 단가로는 충분한 수준의 수익을 올리기가 쉽지는 않다. 게다가 가수가 음반을 발매하거나 음원을 출시해도 대중적 소비를 이끌어내는 것 또한 용이한 일이 아니다. 무엇보다도 출시된 음반이나 음원에 대한 홍보가 있어야지 매출이 발생하는데 이 홍보 작업이 마음 먹은 데로 잘 이루어지지 않는 것이다. 일반적으로 가수와 가요에 대한 홍보 수단으로 많이 활용되는 것이 바로 방송 플랫폼의 음악 프로그램이다. 그러나 이 프로그램에 자신의 음악을 올리는 일 또한 만만치 않은 작업이다. 그래서 가수 혼자서 이런 일을 모두 하면서 수익을 만들어낸다는 것은 사실 참으로 어려운 일이라고 하겠다. 이런 이유로 기획사가 필요하게 되는 것이다.

가수의 방송 출연료도 배우와 유사하게 경력에 따라 등급화 되어 있다. 대중적 인기가 많아도 등급에 의한 출연료가 한정되어 있어 경력이 짧은 가수는 배우와 유사하게 매우 낮다. 그렇지만 아직까지 방송이 홍보에 절대적 영향력을 갖고 있기 때문에 출연료의 많고 적음과 상관없이 방송 출연을 하기 위해 노력한다. 가수에게 기본 콘텐츠에 해당하는 가요와 방송 출연은 매출이 발생하기는 하지만 수익의 측면에서는 큰 영향을 주지 못할 정도이다.

가수에게 유의미한 수준으로 매출이 발생되는 분야는 이벤트 행사, 콘서트, 광고 출연이다. 특히 이벤트 행사는 매출의 효율성이 매우 높은 분야이다. 축제나 행사 등에 초청

가수로 노래를 부르고 출연료를 받는 것인데, 짧은 시간에 비해
받는 액수가 많다. 이 경우에 출연료의 산정은 초청된 가수의
상품적 가치, 즉 인기에 따라 결정된다. 인기가 많을수록 더욱
많은 출연료를 받게 되는 것이다.

　콘서트는 가수가 자신의 연예역량을 집중하여 소비자층에게
음악 서비스를 직접 전달하는 작업으로서 음악 산업의 핵심
분야라고 할 수 있다. 그런데 콘서트 역시 가수가 소속된
기획사가 직접 주관을 하느냐 아니냐에 따라서 매출 규모에서
차이가 발생한다. 콘서트는 가수의 집약된 가치를 확인할 수 있는
콘텐츠로서 기존 소비자층에게는 이미지 가치를 공고히 하고,
새로운 소비자층을 포섭할 수 있는 계기가 되기도 한다. 배우와
가수를 비교해 볼 때, 배우에 비해서 가수가 매출을 창출하는
경로가 좀 더 다양하게 구성되어 있는 것을 알 수 있다. 이는
배우와 가수의 작업 활동 특성 때문에 생겨난다. 드라마와 영화와
같은 영상콘텐츠는 콘텐츠를 제작할 때 배우 혼자서 할 수 있는
것이 거의 없다. 반면에 가요(노래)는 가수의 역량에 전적으로
의존해야 하는 콘텐츠이고, 콘텐츠의 구현과 소비가 짧은 시간(약

3~5분)에 일어난다. 그래서 가수는 비교적 자유롭게 여러 가지
일을 매출로 연결할 수 있기 때문에 배우에 비하여 다양한 수익
구조를 가지게 된다.

　배우와 가수가 연예인으로서 공통되는 것은 연예산업의 매출
창출이 연예인의 직접적인 활동에 전적으로 의존하고 있다는
점이다. 말하자면 가수나 배우가 스스로 직접 움직여서 무엇을
하여야 수익이 발생한다는 것이다. 그런데 이러한 연예인의
연예활동이 회사에 매일 출근하여 일하는 것처럼 항시적으로
진행되는 것이 아니라는 점과 함께 이러한 연예활동에 대한 수익
의존성이 높다는 것이 연예산업의 구조적 취약성을 보여준다.

　이러한 불안정적인 수입원으로 말미암아 신인 가수나 신인
배우들의 입지가 더욱 힘들어지며 여러 가지 사회문제의 원인이
되기도 한다. 하지만 연예산업의 특성이 대중의 인기에 바탕을
두고 있고, 인기라는 자체가 유동적이기 때문에 연예인들의
생활이나 활동에 있어 발생하는 이런 문제들을 합리적으로
해결한다는 것은 근본적으로 어렵다고 생각된다.

가수 준비 기관 및 과정

가수가 되기 위해서 특별한 학력이 요구되는 것은 아니며, 전문대학 및 4년제 대학교의 실용음악과, 대중음악과에서 교육 받을 수 있다. 또한 사설 대중음악 전문교육기관에서 가수가 되기 위한 교육을 받을 수도 있으며 동아리 활동을 통하여 가수의 길을 준비하기도 한다.

가수는 배우와 달리 혼자서도 얼마든지 자신의 음악적 역량을 홍보할 수 있기 때문에 음악적 재능과 용기가 있다면 가수로 데뷔하는 방법이 배우가 되는 방법보다는 다양하다.

관련 전공학과로는 국악과, 대중음악과, 성악과, 실용음악과, 음악과, 음악학과, 작곡과 등이 있다.

출연대중문화예술인(가수 중심) 표준전속계약서

[프로덕션]   (이하 갑 이라 한다)[와, 과]
[아티스트]   (본명 :   )(이하 을 이라 한다)[는, 은]
다음과 같이 전속계약을 체결함에 있어 상호 신의성실로서 이를 이행한다.

제1조 (목적)

이 계약은 갑과 을이 서로의 이익과 발전을 위하여 적극적으로 협력하는 것을 전제로, 을은 최선의 노력을 통해 자신의 재능과 자질을 발휘하여 자기 발전을 도모함은 물론, 대중문화예술인으로서 명예와 명성을 소중히 하여야 하며, 갑은 을의 재능과 자질이 최대한 발휘될 수 있도록 매니지먼트 서비스를 충실히 이행하고 을의 이익이 극대화되도록 최선을 다함으로써 상호 이익을 도모함에 그 목적이 있다.

제2조 (매니지먼트 권한의 부여 등)

① 을은 갑에게 제4조에서 정하는 대중문화예술인으로서의 활동(이하 "연예활동"이라 한다)에 대한 독점적인 매니지먼트 권한을 위임하고, 갑은 이러한 매니지먼트 권한을 위임 받아 행사한다. 다만 을이 갑에게 위 독점적인 매니지먼트 권한의 일부를 위임하는 것을 유보하기로 양 당사자가 합의하는 경우에는 그러하지 아니 하다.

② 갑은 을이 자기의 재능과 실력을 최대한 발휘할 수 있도록 성실히 매니지먼트 권한을 행사하여야 하고, 갑의 매니지먼트 권한 범위 내에서의 연예활동과 관련하여 을의 사생활보장 등 을의 인격권이 대내외적으로 침해되지 않도록 최대한 노력한다.

③ 을은 계약기간 중 갑이 독점적으로 권한을 행사하도록 되어 있는 연예 활동과 관련하여 갑의 사전승인 없이 자기 스스로 또는 갑 이외의 제3자를 통하여 출연교섭을 하거나 연예활동을 하여서는 아니 된다.

제3조 (계약기간 및 갱신)

① 이 계약의 계약기간은
_____년_____월_____일부터_____년_____월_____일까지 (_____년_____개월)로 한다.

② 제1항에 따른 계약기간이 7년을 초과하여 정해진 경우, 을은 7년이 경과되면 언제든지 이 계약의 해지를 갑에게 통보할 수 있고, 갑이 그 통보를 받은 날로부터 6개월이 경과하면 이 계약은 종료한다.

③ 다음 각 호의 어느 하나에 해당하는 경우에는 제2항의 규정에도 불구하고 갑과 을이 별도로 서면으로 합의하는 바에 따라 해지권을 제한할 수 있다.

1. 장기의 해외활동을 위해 해외의 매니지먼트 사업자와의 계약체결 및 그 계약이행을 위하여 필요한 경우
2. 기타 정당한 사유로 장기간 계약이 유지될 필요가 있는 경우

④ 계약기간 중 다음 각 호의 어느 하나와 같이 을의 개인 신상에 관한 사유로 을이 정상적인 연예활동을 할 수 없게 된 경우에는 그 기간만큼 계약기간이 연장되는 것으로 하며, 구체적인 연장일수는 갑과 을이 합의하여 정한다.

1. 군복무를 하는 경우
2. 임신 출산 및 육아, 대학원에 진학하는 경우
3. 연예활동과 무관한 사유로 인하여 병원 등에 연속으로 30일 이상 입원하는 경우
4. 기타 을의 책임 있는 사유로 연예활동을 할 수 없게 된 경우

⑤ 이 계약의 적용범위는 대한민국을 포함한 전 세계 지역으로 한다.

제4조 (연예활동의 범위 및 매체)
① 을의 연예활동은 다음 각 호의 활동을 말한다.
1. 작사 작곡 연주 가창 등 뮤지션으로서의 활동 및 그에 부수하는 방 송출연, 광고출연, 행사 진행 등의 활동
2. 배우, 모델, 성우, TV탤런트 등 연기자로서의 활동(단, 갑의 독점적 매니지먼트의 대상이 되는 범위에 대하여는 갑과 을이 별도로 합의 하는 바에 따른다)
3. 기타 위 제1호 또는 제2호의 활동과 밀접히 관련되거나 문예 미술 등의 창작활동 등으로서 갑과 을이 별도로 합의한 활동
② 을의 연예활동을 위한 매체 등은 다음 각 호와 같다.
1. TV(지상파 방송, 위성방송, 케이블, CCTV, IPTV 기타 새로운 영상매체를 포함한다) 및 라디오, 모바일기기, 인터넷 등
2. 레코드, CD, LDP, MP3, DVD 기타 음원 및 영상물의 고정을 위한 일체의 매체물과 비디오테이프, 비디오디스크 기타 디지털방식을 포함한 일체의 영상 녹음물
3. 영화, 무대공연, 이벤트 및 행사, 옥외광고
4. 포스터, 스틸 사진, 사진집, 신문, 잡지, 단행본 기타 인쇄물
5. 저작권, 초상권 및 캐릭터를 이용한 각종 사업이나 뉴미디어 등으로 갑과 을이 별도로 합의한 사업이나 매체
③ 제1항 및 제2항의 규정에도 불구하고 구체적인 연예활동 범위와 연예활동 매체 등은 갑과 을이 부속 합의서에서 달리 정할 수 있다.

제5조 (갑의 매니지먼트 권한 및 의무 등)
① 갑은 이 계약에 따라 을에 대하여 다음 각 호의 매니지먼트 권한 및 의무를 가진다.
1. 필요한 능력의 습득 및 향상을 위한 일체의 교육실시 또는 위탁
2. 제4조 제1항의 연예활동을 위한 계약의 교섭 및 체결
3. 제4조 제2항의 매체에 대한 출연교섭
4. 을의 연예활동에 대한 홍보 및 광고
5. 제3자로부터 을의 연예활동에 대한 대가 수령 및 관리
6. 연예활동에 대한 기획, 구성, 연출, 일정관리
7. 콘텐츠의 기획 제작, 유통 및 판매
8. 기타 을의 연예활동을 위한 제반 지원
② 갑은 을을 대리하여 제3자와 을의 연예활동에 관한 계약의 조건과 이행방법 등을 협의 및 조정하여 계약을 체결할 권한을 가지는데, 그 대리권을 행사함에 있어 갑은 을의 신체적, 정신적 준비상황을 반드시 고려하여야 하고, 급박한 사정이 없는 한 미리 을에게 계약의 내용 및 일정 등을 사전에 설명하여야 하며, 또 을의 명시적인 의사표명에 반하는 계약을 체결해서는 아니 된다.
③ 갑은 을의 연예활동과 관련하여 계약기간 이후에도 효력을 미치는 계약을 교섭 체결하기 위해서는 을의 동의를 얻어야 한다.
④ 을의 연예활동을 제3자가 침해하거나 방해하는 경우 갑은 그 침해나 방해를 배제하기 위한 필요한 조치를 취해야 한다.
⑤ 갑은 이 계약에 따른 을의 연예활동 또는 연예활동 준비 이외에 을의 사생활이나 인격권을 침해하거나 침해할 우려가 있는 행위를 요구하여서는 아니 되고, 부당한 금품을 요구하여서도 아니 된다.
⑥ 갑은 을의 사전 서면동의를 얻은 후 이 계약상 권리 또는 지위의 전부 또는 일부를 제3자에게 양도할 수 있다.

제6조 (을의 일반적 권한 및 의무)

① 을은 제2조 및 제5조에 따라 행사되는 갑의 매니지먼트 활동에 대하여 언제든지 자신의 의견을 제시할 수 있고, 필요한 경우 을의 연예활동과 관련된 자료나 서류 등을 열람 또는 복사해 줄 것을 갑에게 요청할 수 있고, 갑은 이에 응해야 한다.

② 을은 갑의 매니지먼트 권한 행사에 따라 자신의 재능과 실력을 최대한 발휘하여 연예활동을 하여야 한다.

③ 을은 연예활동에 지장을 초래할 정도로 대중문화예술인으로서의 품위를 손상시키는 행위를 해서는 아니 되며, 갑의 명예나 신용을 훼손하는 행위를 해서도 아니 된다.

④ 을은 갑이 제5조 제5항의 규정에도 불구하고 부당한 요구를 하는 경우에는 이를 거부할 수 있다.

⑤ 을은 계약기간 중 갑의 사전 동의 없이는 제3자와 이 계약과 동일하거나 유사한 계약을 체결하는 등 이 계약을 부당하게 파기 또는 침해하는 행위를 하여서는 아니 된다.

제7조 (을의 인성교육 및 정신건강 지원)

갑은 을이 대중문화예술인으로서 자질과 인성을 갖추는데 필요한 교육을 제공할 수 있고, 을에게 극도의 우울증세 등이 발견될 경우 을의 동의 하에 적절한 치료 등을 지원할 수 있다.

제8조 (상표권 등)

갑은 계약기간 중 본명, 예명, 애칭을 포함하여 을의 모든 성명, 사진, 초상, 필적, 기타 을의 동일성(identity)을 나타내는 일체의 것을 사용하여 상표나 디자인 기타 유사한 지적재산권을 개발하고, 갑의 이름으로 이를 등록하거나 을의 연예활동 또는 갑의 업무와 관련하여 이용(제3자에 대한 라이선스 포함)할 수 있는 권리를 갖는다. 다만 계약기간이 종료된 이후에는 모든 권리를 을에게 이전하여야 하며, 갑이 지적재산권 개발에 상당한 비용을 투자하는 등 특별한 기여를 한 경우에는 을에게 정당한 대가를 요구할 수 있다.

제9조 (퍼블리시티권 등)

① 갑은 계약기간에 한하여 본명, 예명, 애칭을 포함하여 을의 모든 성명, 사진, 초상, 필적, 음성, 기타 을의 동일성(identity)을 나타내는 일체의 것을 을의 연예활동 또는 갑의 업무와 관련하여 이용할 수 있는 권한을 가지며, 계약기간이 종료되면 그 이용권한은 즉시 소멸된다.

② 갑은 제1항의 권한을 행사함에 있어 을의 명예나 기타 을의 인격권이 훼손하는 방식으로 행사하여서는 아니 된다.

제10조 (콘텐츠 귀속 등)

① 계약기간 중에 을과 관련하여 갑이 개발 제작한 콘텐츠(이 계약에서 "콘텐츠"라 함은 을의 연예활동과 관련하여 제4조 제2항의 매체를 통해 개발제작된 결과물을 말한다)는 갑에게 귀속되며, 을의 실연이 포함된 콘텐츠의 이용을 위하여 필요한 권리는 발생과 동시에 자동적으로 갑에게 부여된다.

② 계약종료 이후 제1항에 따라 매출이 발생할 경우, 갑은 을에게 매출의 _____%를 정산하여 (   )개월 단위로 지급한다. 다만, 을이 갑에게 지급하여야 할 금원이 있는 경우에는 위 정산금에서 우선 공제할 수 있고, 갑은 을의 요구가 있는 때에는 정산금 지급과 동시에 정산자료를 을에게 제공하여야 한다.

③ 계약종료 후 1년간 을은 갑이 을을 통하여 개발 제작한 콘텐츠의 소재가 된 것과 동일 또는 유사한 것을 해당 콘텐츠와 동일 또는 유사한 형태의 콘텐츠(예컨대, 가수가 동일 곡을 재가창한 음반, 디지털파일 등의 녹음물)로 직접 또는 제3자를 통하여 제작하여 사용하거나 판매할

수 없다.

④ 이 조항과 관련하여 갑은 대한민국 저작권 관련 법령에 따라 보호되는 을의 저작권 및 저작
인접권(실연권)을 인정하고, 을은 자신의 저작권 및 저작인접권(실연권) 활용을 통해 갑의 콘
텐츠유통 등을 통한매출 확대 및 수익구조 다변화를 기할 수 있도록 적극 협력한다.

제11조 (권리 침해에 대한 대응)
제3자가 제8조 내지 제10조에 규정된 권리를 침해하는 경우, 갑은 갑 자신의 책임과 비용으로
그 침해를 배제하기 위한 조치를 취해야 하며, 을은 이와 같은 갑의 침해배제조치에 협력한다.

제12조 (수익의 분배 등)
① 이 계약을 통하여 얻는 모든 수입은 일단 갑이 수령하며, 아래 제2항 및 제3항에 따라 분배
한다. 단, 을이 그룹의 일원으로 활동할 경우, 해당 연예활동으로 인한 수입에 대해서는 해당
그룹의 인원수로 나눈다.
② 음반 및 콘텐츠 판매와 관련된 수입은 각종 유통 수수료, 저작권료, 실연료 등의 비용을 공
제한 후 갑과 을이 분배하여 가지는데, 그 분배방식(예: 슬라이딩 시스템)이나 구체적인 분배
비율은 갑과 을 별도로 합의하여 정한다.
③ 연예활동과 관련된 수익에 대한 수익분배방식(예: 슬라이딩 시스템)이나 구체적인 분배비
율도 갑과 을 별도로 합의하여 정한다. 이때 수익분배의 대상이 되는 수익은 을의 연예활동으
로 발생한 모든 수입에서 을의 공식적인 연예활동으로 현장에서 직접적으로 소요되는 비용
(차량유지비, 의식주 비용, 교통비 등 연예활동의 보조 유지를 위해 필요적으로 소요되는 실
비)과 광고수수료 비용 및 기타 갑이 을의 동의 하에 지출한 비용을 공제한 금액을 말한다.
④ 갑은 자신의 매니지먼트 권한 범위 내에서 을의 연예활동에 필요한 능력의 습득 및 향상을
위한 교육(훈련)에 소요되는 제반비용을 원칙적으로 부담하며, 을의 의사에 반하여 불필요한
비용을 을에게 부담시켜서는 아니 된다.
⑤ 을은 연예활동과 무관한 비용을 갑에게 부담시켜서는 아니 된다.
⑥ 을의 귀책사유로 갑이 을을 대신하여 제3자에게 배상한 금원이 있는 경우 을의 수입에서 그
배상비용을 우선 공제할 수 있다.
⑦ 갑은 을에게 분배할 금원을 매월 (   )일자로 정산하여 다음 달 (   )일까지 을이 지정하는
입금계좌로 지급한다. 단, 매월 정산하기 어려운 부분에 대해서는 을에게 이러한 사실을 알리
고 별도의 정산주기 및 지급일을 정할 수 있다.
⑧ 갑은 정산금 지급과 동시에 정산자료(총 수입과 비용공제내용 등을 증빙할 수 있는 자료)를
을에게 제공하여야 한다. 을은 정산자료를 수령한 날로부터 30일 이내에 정산내역에 대하여
공제된 비용이 과다 계상되었거나 을의 수입이 과소 계상되었다는 등 갑에게 이의를 제기할 수
있고, 갑은 그 정산근거를 성실히 제공하여야 한다.
⑨ 갑과 을은 각자의 소득에 대한 세금을 각자 부담한다.

제13조 (확인 및 보증)
① 갑은 을에 대해 계약체결 당시 제5조 제1항의 매니지먼트 권한 및 의무를 행사하는데 필요
한 인적 물적 자원을 보유하거나 그러한 능력을 갖추고 있다는 것을 확인하고 보증한다.
② 을은 갑에 대해 다음 각 호의 사항을 확인하고 보증한다.
1. 이 계약을 유효하게 체결하는데 필요한 권리 및 권한을 보유하고 있다는 것
2. 이 계약의 체결이 제3자와의 다른 계약을 침해하지 않는다는 것
3. 계약기간 중 이 계약내용과 저촉되는 계약을 제3자와 체결하지 않는다는 것

제14조 (계약내용의 변경)
이 계약내용 중 일부를 변경할 필요가 있는 경우에는 갑과 을의 서면합의에 의하여 변경할 수 있으며, 그 서면합의에서 달리 정함이 없는 한, 변경된 사항은 그 다음 날부터 효력을 가진다.

제15조 (계약의 해제 또는 해지)
① 갑 또는 을이 이 계약상의 내용을 위반하는 경우, 그 상대방은 위반자에 대하여 14일 간의 유예기간을 정하여 위반사항을 시정할 것을 먼저 요구하고, 그 기간 내에 위반사항이 시정되지 아니하는 경우에 상대방은 계약을 해제 또는 해지하고, 손해배상을 청구할 수 있다.
② 갑이 계약내용에 따른 자신의 의무를 충실히 이행하고 있음에도 불구하고, 을이 계약기간 도중에 계약을 일방적으로 파기할 목적으로 계약상의 내용을 위반한 경우에는 을은 제1항의 손해배상과는 별도로 계약해지 당시를 기준으로 직전 2년간의 월평균 매출액에 계약 잔여기간 개월 수를 곱한 금액(을의 연예활동 기간이 2년 미만인 경우에는 실제 매출이 발생한 기간의 월평균 매출액에서 잔여기간 개월 수를 곱한 금액)을 위약벌로 갑에게 지급한다. 이 경우 계약 잔여기간은 제3조 제3항의 규정이 적용되는 경우가 아닌 한, 제3조 제1항에 따른 계약기간이 7년을 초과하는 경우에는 7년을 초과한 기간은 계약 잔여기간에서 제외한다.
③ 계약 해지일 현재 이미 발생한 당사자들의 권리 의무는 이 계약의 해지로 인하여 영향을 받지 않는다.
④ 을이 중대한 질병에 걸리거나 상해를 당하여 연예활동을 계속하기 어려운 사정이 발생한 경우 이 계약은 종료되며, 이 경우에 갑은 을에게 손해배상 등을 청구할 수 없다.

제16조 (비밀유지)
갑과 을은 이 계약의 내용 및 이 계약과 관련하여 알게 된 상대방의 업무상의 비밀을 제3자에게 정당한 사유 없이 누설하여서는 아니 되며, 이를 비밀로 유지하여야 한다. 이 비밀유지의무는 계약기간 종료 후에도 유지된다.

제17조 (분쟁해결)
① 이 계약에서 발생하는 모든 분쟁은 갑과 을이 자율적으로 해결하도록 노력한다.
② 제1항에 따라 해결되지 않을 때에는 다음 중 _____에 따라 해결한다.
1. 중재법에 의하여 설치된 대한상사중재원의 중재(仲裁)
2. 민사소송법 등에 따른 법원에서의 소송(訴訟)

*중재: 분쟁을 해당 분야 전문가들의 판정에 의해 해결하는 제도인데, 소송(3심제)과는 달리 단심으로 끝남 (중재판정은 법원의 확정판결과 동일한 효력)

제18조 (부속 합의)

① 갑과 을은 이 계약의 내용을 보충하거나, 이 계약에서 정하지 아니한 사항을 규정하기 위하여 부속 합의서를 작성할 수 있다.

② 을이 그룹의 일원으로 연예활동을 하는 경우에 제8조(상표권 등) 내지 제10조(콘텐츠 귀속 등)의 규정은 별도의 합의로 정할 수 있다.

③ 제14조에 따른 계약내용 변경 및 제1항에 따른 부속 합의는 이 계약의 내용과 배치되거나 위반하지 않는 범위로 한정한다.

이 계약의 성립 및 내용을 증명하기 위하여 계약서 2부를 작성하고, 갑과 을이 서명 날인 후 각 1부씩 보관한다.

년   월   일

"갑": 프로덕션
사 업 자 번 호:
소   재   지:
대   표:

"을": 아티스트
성   명:
주민등록번호:
주   소:

"을"의 법적대리인(을이 미성년자인 경우)
"을"과의 관계:
성   명:
주민등록번호:
주   소:

03

개그맨의 적성과 흥미

　신속한 상황판단능력과 재치를 가지고 사람들을 재미있게 웃길 수 있는 능력이 요구된다. 새로운 개그 또는 희극 아이디어를 창출해낼 수 있는 창의성이 요구되며, 매일 새로운 아이디어를 도출해내야 하는 스트레스를 잘 견디어낼 수 있는 성격의 소유자가 적합하다.

　무엇보다 사람들에게 웃음을 선사하는 일에 적성과 소질이 있어야 하며, 끊임없는 자기 변신의 노력과 연기에 대한 열정이 요구된다.

　스트레스 감내, 적응성, 혁신, 인내심 등의 성격을 가진 사람들에게 유리하다.

개그맨은 어디서 근무 할까

　주로 TV쇼를 만드는 방송사 스튜디오나, 야외 촬영장에서 일한다. 시트콤의 경우 매주 정해진 스튜디오를 찾아온 방청객들 앞에서 녹화방송을 하고, 편집 과정을 거쳐 TV쇼를 만든다. 국내의 경우 1인 쇼가 거의 없기 때문에 스튜디오와 야외촬영 모두 단체 활동이 용이한 장소가 섭외된다. 사람들과 협업하여 웃음을 만드는 과정이 결코 쉬울 수만은 없다. 슬랩스틱 코미디가 동반될 경우 몸이 망가지고 우스꽝스러운 연출을 위해 험난한 일들에 서슴없이 참여해야 하는 등 고달픈 일들도 왕왕 생길 수 있다.

슬랩스틱 코미디(Slapstick Comedy)

　소란스럽고 동작이 과장된 코미디로 채플린 (Chaplin, C. S.) 같은 사람이 있다.

개그맨의 수입 종류와 규모

개그맨의 수입은 천차만별이다. 인지도가 거의 없는 신인 개그맨의 경우 방송 출연료조차 제대로 받기가 어렵지만, 인지도가 높은 개그맨의 경우 방송 회 차마다 받을 수 있는 출연료는 물론 행사에 초대되어 받는 계약금 등이 몇 천만원 단위로 올라가기도 한다.

신인 개그맨들의 경우 월 30만원에서 월 100만원 미만의 수입을 거두지만, 유명 개그맨인 경우에는 동일 프로그램에 참여해도 수입의 차이가 10배 이상 나기도 한다. 그러나 개인의 수입인 만큼 언론에 공개된 자료들은 지극히 한정적이거나 와전된 경우도 많이 있다.

개그맨들은 자신이 출연하는 프로그램 외에도, 지역행사와 대학행사 등의 이벤트에 초청되어 수입을 거두기도 하고, 음악 활동과 연기자 활동도 병행하며 수입의 범위를 넓히기에 좋은 포지션을 갖추고 있다.

개그맨 준비 기관 및 과정

 개그맨이 되기 위한 학력의 제한은 없지만, 전문대학이나
대학교의 연극영화 관련 학과에 진학하여 연기 전반에 대한
체계적인 교육을 받으면 유리하다. 또한 사설 연기학원에서
개그맨이 되기 위한 교육과 훈련을 받을 수 있다.
 이러한 과정을 거쳐 적성을 쌓은 뒤에는 방송사 공채나, 여러
콘테스트를 통해 정식으로 개그맨으로 데뷔하거나 스스로 쇼를
만들어 인터넷이나 각종 매체를 통해 시청자에게 노출시키면서
인지도를 쌓아 개그맨으로 활동할 수 있다.

04

모델의 적성과 흥미

〈광고 모델〉

CM 탤런트, 혹은 미국에서는 인더서(endorser)라 불리는 광고 모델은 기업의 제품과 상품 등을 소비자에게 소개하고, 상품이나 기업의 가치를 상징화하여 소비자에게 제시하는 사람들을 일컫는다. 이때에 광고 모델은 기업의 이미지 및 브랜드와 상호작용하여 광고 효과를 극대화시켜야 한다. 때문에 광고에서 모델은 중요한 역할을 차지한다. 왜냐하면 광고 모델이 가지는 이미지가 광고 전체의 인상을 좌우하고, 광고 모델의 신뢰도와 호감도가 광고의 주목도와 호감도에 직접적인 원인이 되기 때문이다.

즉, 광고 모델은 제품의 위상을 정립하는데 기여하며, 모델의
특성과 기존의 이미지가 광고의 아이디어 그 자체로 작용하고
경우에 따라서는 광고 제작의 예산 규모까지도 좌우하기
때문이다.

이러한 맥락에서 광고 모델의 기용은 신중을 요하게 된다. 광고
모델은 관점에 따라 유명인 모델과 비유명인 모델, 혹은 모델이
출연한 광고의 제품에 대해 얼마만큼 알고 있느냐에 따른 전문인
모델 혹은 비전문인 모델로 분류되기도 한다.

일반적으로는 지명도와 전문성을 기준으로 다음의 세 가지
모델 유형으로 분류할 수 있다. 즉, 이미 인기와 유명세를 타고
있는 연예인들을 기용하는 유명인 모델, 회사의 대표나 그 분야의
전문가가 나와서 제품에 신뢰성을 부여하는 전문인 모델, 그리고
그 제품을 소비하는 입장을 대변하는 일반인 모델이 그것이다.

광고 모델은 모두가 제품의 이미지를 향상시키고 실제로
구매까지 연결시키기 위한 이유에서 기용된다. 광고 모델로서
행하는 역할은 상품에 대한 전체적인 느낌이나 인상을 결정하고,
그 모델의 신뢰도나 호감도가 직접적으로 구매에 영향을 미치게
한다. 또한 광고 상품에 대한 소비자의 설득력을 증대시키고 이를
통해 소비자의 태도를 변화시키게 된다. 즉, 광고 모델이
사용되는 가장 큰 목적은 광고 상품에 의미를 부여함으로써
소비자로 하여금 제품에 대해 호감을 갖게 하여 상품 구매로
유도하는 것이다.

만일 제품의 기능을 직접적으로 알리는 광고라면 광고 모델은
제품의 안내자 역할을 하게 되는데 이 경우 그 광고 모델이
제품의 기능과 장점을 호소력 있게 전달할만한 전문성과
솔직함을 갖춘 모델이라면 광고 효과는 올라갈 수밖에 없으며
소비자의 구매 욕구 창출로 이어질 것이다.

〈패션 모델〉

  제품의 판매 촉진을 위해 열리는 이벤트중
하나인 패션쇼는 기업의 한 시즌 패션 사업을
좌우하기도 하기 때문에 기업이나 브랜드
측에서는 좋은 모델들을 확보하려한다. 이
분야는 모델업계에서 많은 모델들을 스타덤에
올려놓은 분야다. 세계의 유명한 슈퍼 모델들은
거의 대부분 이 캣워크 모델 출신들이다.

  실제로 어떤 어려움이 있건 간에 그 외적인
화려함이 많은 모델 지망생들의 마음을 설레게
하는 분야일 것이다.

  일반적으로 모델의 선정은 쇼의
기획단계에서 대강의 이미지, 테마 등이
정해지면 모델의 수를 정하고, 이에 따라 모델
섭외를 한다. 기본적으로 메인 모델은
유명인이나 혹은 전문 모델 중 스타급에 있는

모델로 선정하고, 나머지 모델들은 에이전시나
매니지먼트사를 통해 모델의 자질이 갖추어진
모델을 섭외하게 된다. 오디션이 비공식적으로
열리기도 하는데 이때는 디자이너를 주축으로
한 브랜드사의 대표들과 연출, 조연출 등의
쇼를 진행하는 이들이 오디션에 참가하여
모델을 선정한다.

  패션쇼 모델은 올바른 패션 정보를 제공하고,
패션의 리더로서의 역할을 해낼 수 있는 탁월한
감각의 소유자여야 한다. 일단 기본이 되는
것은 외모다.

  다른 모델일과는 달리 이 분야는 일정한
외모의 기준을 필요로 하는 곳이다.

  패션쇼를 하기 위해서 모델은 여성은 175cm,
남성은 185cm이상의 키를 갖추고 곧은 골격과
긴 팔과 다리, 적당한 신체 비율을 소유하고
있어야 한다. 또한 디자이너가 원하는 대로의

© CatwalkPhotos

이미지로 의상을 제대로 소화해내기 위해 워킹, 포즈, 표정을 자유자재로 표현해내는 능력이 필요하다.

하지만 비록 키가 좀 작거나 워킹이 제대로 되지 않았어도 강한 개성을 갖추고 있고, 고정관념을 깬 의상을 잘 표현해줄 매력을 갖추고 있다면 모델로서 캣워크에 설 기회가 충분하다.

요즘은 쇼 자체도 획기적인 아이디어를 갖고 진행하는 경우가 많다. 개성과 매력이 중요한 곳이지만 패션쇼 모델 일은 여전히 큰 키와 옷을 소화해낼 멋진 포즈와 워킹이 기본적으로 요구되는 분야라 할 수 있다.

또한 의상을 입고 관객들 앞에 직접 쇼를 펼치는 일은 모델로서의 자신감을 요구한다. 더군다나 쇼 모델 일은 실수가 용납되지 않는다. 다시 촬영할 수 있는 광고 모델일이

아니기 때문에 실수 없이 완벽하게 하나의 패션쇼를 끝내기 위해서는 대단한 노력을 요구한다. 또한 돌발 상황에 대처할 수 있는 순발력도 필요하다.

이러한 기본적 조건 이외에 모델은 연출자의 지시를 이해하고 응용할 수 있는 능력이 필요하며, 새로운 상품의 특징과 장점을 재빠르게 파악하여 소비자에게 인상적으로 전달 할 수 있는 능력이 요구된다.

촬영시간이 깊은 밤과 이른 아침을 불문하고 행해지므로 항상 좋은 컨디션을 유지할 수 있도록 자신의 체력 유지 및 미용에 대한 꾸준한 노력이 필요하다.

모델은 어디서 근무 할까

캣워크라 불리는 무대나 광고 및 화보 촬영 현장 등에서 주로 일을 한다.

단독 모델로 내세워질 경우에도 많은 스태프들과 힘을 합쳐 모델 작업을 소화하여 자신 만의 섬세한 테크닉으로 상품의 매력과 장점을 대중들에게 표현하는 데 어려움이 없어야 한다.

캣워크에서의 작업은 소비자들 앞에서 실시간으로 이루어지는 행위 서비스이기 때문에 조그만 실수도 있어서는 안 된다. 무대 위에서의 실수는 곧 하나의 쇼를 망가뜨리는 일이 되기 때문에 자신의 커리어는 물론 쇼를 성공적으로 마치기 위해서도 실수가 일어나지 않도록 세심한 주의를 게을리 하지 말아한다. 그리고 만의 하나 실수가 발생하였을 때에는 이를 최대한으로 극복하기 위해 실수에 대처하는 순발력을 기르는 것도 필요하다.

> **캣워크(Cat walk)**
>
> 토목 전문용어로서 사람들의 안전한 통행을 위하여 구조물에 설치한 좁은 통로나 걸어 다니는 보교(다리)를 말하는데 패션쇼에서는 모델 등이 걸어 나오고 들어가는 기다란 무대를 말한다.

모델의 수입 종류와 규모

　모델의 수입은 일정하지 않다. 게다가 개인 편차도 심한
편이다. 쇼의 종류를 가리지 않고 활동한다면 무명모델이라도
수입이 많아질 수도 있지만, 유명모델이라도 컬렉션 쇼에만
선다면 수입의 종류가 국한되어 전반적인 수입이 떨어질 수도
있다.

　모델은 개인적으로 활동하는 이들보다는 에이전시와 계약을
맺고 수익을 분배하는 구조를 선호한다. 에이전시가 모델을
보증해주는 역할을 담당하기 때문에 대개 에이전시와 모델이
3:7의 분배 구조를 가지고 수익을 나눈다.

모델 준비 기관 및 과정

모델을 전공으로 하는 대학과, 대학 진학이
아닌 아카데미 형태의 모델 배출 기관이 있다.
아카데미의 경우 학위를 취득할 순 없지만,
수료증 등으로 교육 과정을 보장받을 수 있다.

청소년 시기에 모델이 되어 직업을 갖는
사람도 있고, 성인이 되고 나서 모델이 되는
경우도 있기 때문에 모델이 되기 위해 준비해야
하는 시간이 특별하게 정형화되어 있지 않다.

요즘에는 슈퍼모델이나 패션모델 오디션을
경쟁적으로 하고 있기 때문에 이런 입상을 통해
데뷔하는 경로도 알아 두는 것이 좋다.

Part Four

Education
&
Training

연예활동 관련 대학 학과

우리나라에서는 초등학교 때부터 공교육기관을 통하여 예술교육을 전문적으로 실시한다는 것은 현행 교육체제 하에서는 어렵다고 본다. 국내의 경우 초등교육을 의무적으로 실행하고 있기에 교육과정 이외에 별도로 예술 특화 전문 교육을 하는 일은 불가능하기 때문이다. 다만 문화예술 관련 방과 후 교육프로그램이나 과외활동을 통하여 연예 관련 적성과 흥미를 키워볼 수 있을 뿐이다.

그러나 방과 후 교육 역시 교과 관련 프로그램이 예술문화 관련 프로그램보다 많이 개설되어 있는 편이며, 문화예술 관련 과목이라도 전문 인력을 양성하는 체제와는 다소 거리가 멀다. 따라서 초등학생들의 경우에는 학교에서의 연예 관련 교육을 받기는 어려운 실정이다.

중·고교의 경우 특수목적학교인 예술 관련 학교로 입학을 하면 연예 관련 적성을 키우며 학업을 이어나갈 수 있다.

특수목적학교란, 특정 분야의 인재 양성을 목표로 설립된 학교를 뜻하는 데 외국어, 과학, 국제, 예술, 체육 및 산업 분야 관련 고등학교가

있다. 이 중에 예술 분야와 관련한
특수목적고등학교로는 현재 29개교가 있으며
그 중에서 28개교에 음악, 영상, 연극 영화와
관련된 학과가 개설되어 있다.

그리고 이러한 예술고등학교 이외에
예술중점학교, 일반고등학교 및 학력인정
고등학교 등에 연예인 양성과 관련된 학과나
프로그램이 개설되어 있기도 하다.

그러나 연예인의 자질과 적성이 예술계
학교를 졸업한다고 해서 길러지는 것만은
아니며, 이들 특수목적학교에서 실시하고 있는
교과과정이 일반적인 학습 목적의 학교들에
비해 문화 예술적 특성을 기르고 가르치는 데
용이하다는 정도로 받아들이는 것이 좋다.

또한 세종시교육청에서 추진한 국가 운영
체제의 국내 1호 과학예술영재학교가 2015년에
개교했다. 과학예술영재학교는 과학적

창의성과 예술적 감성이 조화된 창의적 융합
인재 양성을 위해, 융합 인재교육, 즉 과학,
기술, 공학, 예술, 수학 간의 융합적 사고력을
배양하는 교육시스템으로 개교는 세종시가
전국에서 처음이다. 1년 뒤인 2016년에는
인천과학예술영재학교가 개교했다.

이들 학교는 2014년 4월부터 시행할
학생선발을 위해 3명의 교사가 입학담당관
기초연수를 이수하는데 이어, 2014년 12월에는
심화과정 연수를 받았다. 아울러 개교 이후에도
사교육요소를 배제하고 수학·과학의 재능과
잠재력을 갖추고 예술·인문분야의 소양을 갖춘
학생 선발을 위해 선발도구 개발 및 입학전형에
대한 정책연구를 수행 중이다.

대학교부터는 보다 다양한 분야에서 연예
관련 진로를 위한 교육을 이수할 수 있다. 음악,
미술, 무용 등의 학문적 분야뿐만 아니라 영화,

드라마, 실용음악 등 대중문화에 중점을 둔 전공학과로 진학해
연예인으로서 자질을 키워나갈 수 있다.

　이들 학과는 특성화된 커리큘럼에 맞춰 보다 뛰어난
문화예술인을 배출하고자 하는 목표를 가지고 운영되고 있으며,
국립/사립 4년, 3년, 2년 등 다양한 학제를 통해 학위를 취득할 수
있다.

　또한 이미 연예계로 진출한 교수진들에게 교육을 받으며 눈에
띄어 데뷔를 하거나, 연예 매니지먼트사와 협약을 맺은 대학으로
진학해 보다 손쉽게 데뷔를 꾀해볼 수 있다.

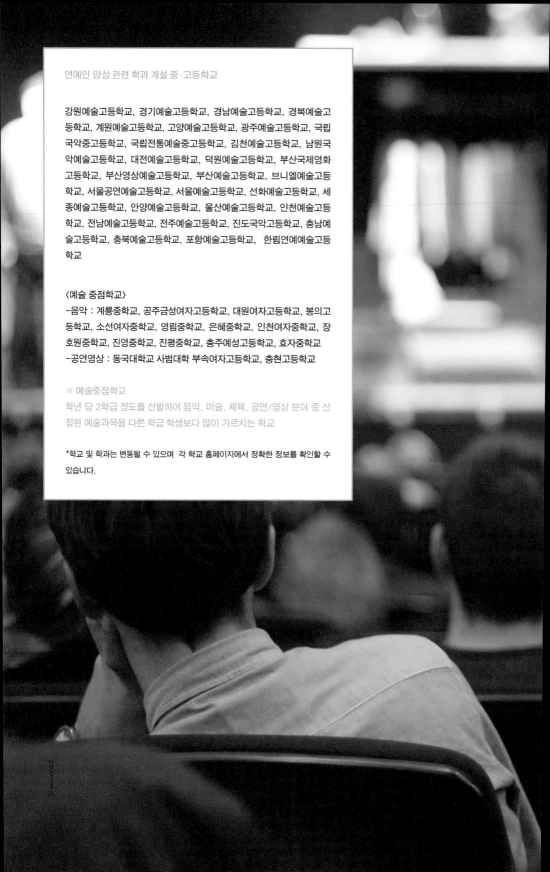

연예인 양성 관련 학과 개설 중·고등학교

강원예술고등학교, 경기예술고등학교, 경남예술고등학교, 경북예술고
등학교, 계원예술고등학교, 고양예술고등학교, 광주예술고등학교, 국립
국악중고등학교, 국립전통예술중고등학교, 김천예술고등학교, 남원국
악예술고등학교, 대전예술고등학교, 덕원예술고등학교, 부산국제영화
고등학교, 부산영상예술고등학교, 부산예술고등학교, 브니엘예술고등
학교, 서울공연예술고등학교, 서울예술고등학교, 선화예술고등학교, 세
종예술고등학교, 안양예술고등학교, 울산예술고등학교, 인천예술고등
학교, 전남예술고등학교, 전주예술고등학교, 진도국악고등학교, 충남예
술고등학교, 충북예술고등학교, 포항예술고등학교, 한림연예예술고등
학교

〈예술 중점학교〉
-음악 : 계룡중학교, 공주금성여자고등학교, 대원여자고등학교, 봉의고
등학교, 소선여자중학교, 영림중학교, 은혜중학교, 인천여자중학교, 장
호원중학교, 진영중학교, 진평중학교, 충주예성고등학교, 효자중학교
-공연영상 : 동국대학교 사범대학 부속여자고등학교, 충현고등학교

※ 예술중점학교
학년 당 2학급 정도를 선발하여 음악, 미술, 체육, 공연/영상 분야 중 선
정된 예술과목을 다른 학급 학생보다 많이 가르치는 학교

*학교 및 학과는 변동될 수 있으며 각 학교 홈페이지에서 정확한 정보를 확인할 수
있습니다.

연극영화과

  연극영화과에서 우선적으로 선호하는 자질은 성실성이다. 연극, 영화 예술이라는 장르의 특성상 화려한 겉모습과 보여지는 부분에서 오는 매력 때문에 연극영화과를 예쁜 외모만 가지고 갈 수 있는 우아한 학과라고 생각하기 십상이지만, 이는 오산이다. 연극영화과는 연기 전공은 물론 공연예술과 영상예술을 가르치는 곳이다. 기존의 미술 음악 등의 순수 미술에서 새롭게 파생되어 예술의 한 장르로서 자리잡기까지 수많은 이론과 역사를 거듭하며 오늘날에 이른 학문이다.

  때문에 인문, 사회, 과학 전반에 이르는 수준 높은 교양과 학문적 역량이 요구된다. 이는 영화 및 영상 예술을 이해해나가는데 큰 도움이 된다.

  고등학교에서 미리 공부해볼 수 있는 관련 과목으로는 듣기, 말하기, 쓰기가 연관된 언어 과목들이며 이는 잘 표현하고 잘 이해하며 잘 말할 수 있는 방법을 이해하는데 큰 도움을 줄 수 있다. 또 연기자와 함께 일하는 연출자, 제작자, 기술 스텝들의 분야를 이해하는데 수학, 과학 등 자연과학에 대한 기본 지식이 있다면 공간 및 장치에 대한 습득이 쉬울 수 있다.

  일반적으로 1, 2학년에서는 인간과 예술에 대한 인문학적 소양과 예술가로서의 상상력과 창의력을 기르며, 연극 영화에 대한 기본적인 이해와 지식을 가르치고 3~4학년에서는 전공에 대한 보다 전문적인 수업과 실습 및 제작 활동을 통하여 연극이나 영화에 대한 전문 연예인으로서의 자질을 갖추도록 한다.

  대학에 따라서 전공을 연극, 영상, 영화, 시나리오 등으로 세분하거나 영화 제작, 연기 등으로 구분하여 교육하기도 하지만 통합적인 교육을 하는 대학도 있고 1, 2학년에서는

통합교육을 하고 3, 4학년에서 전공을 나누어 교육하기도 한다.

입학 방법은 학교마다 약간씩 다르지만 공통적으로 연기 실기를 중요시 하고 있다.

예술 영역이기 때문에 사회의 다양한 분야에서 종사할 수 있어 학과 졸업 후 취업률은 높지만 정규직으로 취업하는 이들은 적다.

연극영화과에서는 다음과 같은 과목 중에서 전공에 따라 선택하여 배운다.

〈4년제 대학 연극 영화과 수업 과목의 예〉

기초연기, 연극제작 준비실습, 스토리텔링의 기초, 영화학 입문, 무대기술, 휴먼리더십, 말과글, 연극개론, 화면 몽타주 이론과 실습, 호흡과 발성, 예술철학과 사상사, 영화 촬영 이론과 실습, 사운드 몽타주 이론과 실습, 디지털영화 제작, 시나리오 이론, 중급연기, 동양 및 한국 연극사, 무대 디자인, 무대의상 제작 실습, 다큐멘터리영화 역사, 교육연극론, 분장 실습, 작품 분석, 연극 제작 실습, 시나리오 창작, 영화 연기와 연출, 영화 미학, 한국영화사, 조명디자인, 글로벌리더십, 가창, 연극연출론, 세계영화사, 서양연극사, 무대 제도 및 작화, 움직임, 전통극 제작 실습, 영화 분석과 비평 이론, 영화 포스트 프로덕션, 현대예술과 영상미디어, 연극 영화 제작 실습 캡스톤 디자인, 전공 현장실습, 연극 영화 교과교육론, 영화 제작, 연극연출론, 무대음향 제작 실습, 영화감독 연구, 영화사운드 제작, 비즈니스리더십, 연극 영화논리 및 논술, 연극평론, 영상산업과 경영론, 현대사회의 쟁점과 영화 창작, 셀프리더십, 연극 영화 교과교재 연구 및 지도, 현대영화 세미나, 고급연기

〈2년제 대학 영화과 수업과목의 예〉

영어, 사고와 표현, 영화 제작 실습, 졸업 작품 제작, 영화 편집, 단편 시나리오, 촬영/조명, 영화개론, 창의적 글쓰기, 3D촬영/조명, 이야기 찾기, 세계영화사, 프로덕션디자인, 음향제작, 다큐멘터리, 편집 분석, 한국영화사, 필름스튜디오 실습, 기획, 장편 시나리오, 시각특수효과, 영화 작품 분석, 예술과 기술, 영화 음악, 배우 연기 연출, 애니메이션, 촬영/조명세미나, 오디오 편집, 전공 영어, 실험영화, 뮤직비디오

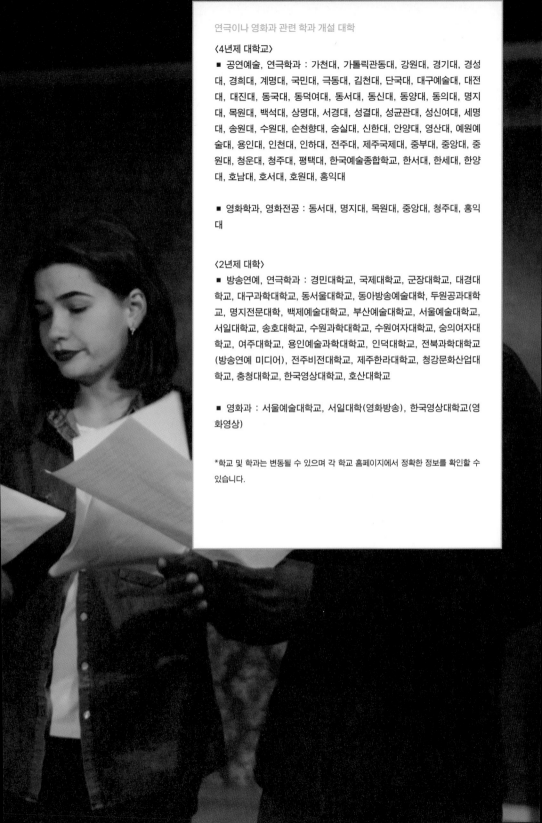

연극이나 영화과 관련 학과 개설 대학

〈4년제 대학교〉

■ 공연예술, 연극학과 : 가천대, 가톨릭관동대, 강원대, 경기대, 경성대, 경희대, 계명대, 국민대, 극동대, 김천대, 단국대, 대구예술대, 대전대, 대진대, 동국대, 동덕여대, 동서대, 동신대, 동양대, 동의대, 명지대, 목원대, 백석대, 상명대, 서경대, 성결대, 성균관대, 성신여대, 세명대, 송원대, 수원대, 순천향대, 숭실대, 신한대, 안양대, 영산대, 예원예술대, 용인대, 인천대, 인하대, 전주대, 제주국제대, 중부대, 중앙대, 중원대, 청운대, 청주대, 평택대, 한국예술종합학교, 한서대, 한세대, 한양대, 호남대, 호서대, 호원대, 홍익대

■ 영화학과, 영화전공 : 동서대, 명지대, 목원대, 중앙대, 청주대, 홍익대

〈2년제 대학〉

■ 방송연예, 연극학과 : 경민대학교, 국제대학교, 군장대학교, 대경대학교, 대구과학대학교, 동서울대학교, 동아방송예술대학, 두원공과대학교, 명지전문대학, 백제예술대학교, 부산예술대학교, 서울예술대학교, 서일대학교, 송호대학교, 수원과학대학교, 수원여자대학교, 숭의여자대학교, 여주대학교, 용인예술과학대학교, 인덕대학교, 전북과학대학교(방송연예 미디어), 전주비전대학교, 제주한라대학교, 청강문화산업대학교, 충청대학교, 한국영상대학교, 호산대학교

■ 영화과 : 서울예술대학교, 서일대학(영화방송), 한국영상대학교(영화영상)

*학교 및 학과는 변동될 수 있으며 각 학교 홈페이지에서 정확한 정보를 확인할 수 있습니다.

모델 학과

모델이란 정보산업사회의 가장 중요한 부분인 커뮤니케이션을 연기예술로 승화시키는 산업예술 전문가라 할 수 있다. 따라서 각종 훈련을 통하여 개성과 재능을 향상시키며 신체적 이미지를 자유롭게 창조할 수 있는 실기능력을 기르고 이론적 탐구를 통해 풍부한 상상력과 지적 능력을 함양시켜 산업예술을 선도적으로 이끌 인재를 육성하고자 모델학과가 개설되었다.

모델과는 전문 모델 양성을 위한 실용 학문으로 1999년 4년제 대학 최초로 동덕여대에 모델전공이 신설되면서 각종 매체의 주목을 받았다.

모델과가 생겨난 뒤로 기존 모델의 개념을 보다 명확하게 확립할 수 있게 되었고, 방송, 신문, 패션, 예술 등 다양한 패션문화산업 및 대중문화예술 분야와 접목되는 새로운 교육과정을 개발하여 최고의 능력을 갖춘 전문 인력을 배출하고자 힘쓰고 있다.

모델의 데뷔 연령이 비교적 청소년 시기로 어린 만큼, 학과 재학생들 중에서도 수준급의 톱모델이 존재하기도 하며 각종 컬렉션과 패션쇼, 잡지 CF등에서 활동하는 이들도 상당수다.

또 모델과에 진학했지만, 패션쇼를 기획하거나 연출을 담당하는 패션 연관 산업으로 진출하는 졸업생들도 있으며, 브랜드 홍보 및 마케팅 이론을 공부해 패션 전문인으로 성장하는 경우도 있다.

입학은 대학마다 다르지만 일반적으로 실기를 중요시하고 어떤 대학은 특기자만을 입학시키기도 한다.

이 학과를 졸업하면 대체로 CF모델, 패션모델, 나레이터 모델, 연기자(탤런트, 영화배우), 방송인(MC, 리포터, VJ), 홈쇼핑 모델, 연예기획사, 이벤트 연출자, 광고기획사, 광고에이전시, CF 프로덕션, 모델교육강사, 연기교육강사, 연예인 메이크업 및 코디네이터, 전문적인 엔터테이너 등으로 진출할 수 있다.

모델과에서 다루는 주요 과목은 학교마다 차이가 있지만 주로

다음과 같은 과목을 통해 전문 모델 인력을 양성한다.

〈4년제 대학에서 배우는 과목의 예〉
　　모델학개론, 인체구조, 워킹지도법, 프로페셔널워킹, 워킹기초,
기공 체조, 코디네이션 기초, 사진포즈, 테크닉워킹, 포트폴리오,
퍼포먼스 워킹, 패션변천사, 리듬과 스트레칭, 조명과 카메라
실습, 기공과 명상, 발성 및 연기법, 워크샵, 모델 매니지먼트,
문화컨텐츠 세미나, 동서양 모델변천, 트랜드 분석, 프리젠테이션
이론과 실습, 워킹비교분석, 광고의 이해, 패션화보기획,
바디워크아웃, 모델미학, 무대미술과기술론, 메이크업, 브랜드와
마케팅, 패션쇼기획및연출, 매스미디어의 이해, 크리에이티브
스타일리즘, 인턴쉽, 패션산업의이해, PR과 커뮤니케이션,
토탈피트니스, 건강과 다이어트, 실용댄스, 체형관리, 아름다움의
심리학, 풋워크액서사이즈, 발레

〈2년제 대학에서 배우는 과목의 예〉
　　워킹기초, 재즈댄스/무용, 포토 포즈, 다이어트 스포츠,
매니지먼트 개론, 연기실습, 댄스스포츠, 패션 코디네이션,
이미지 메이킹, 영화연기, 모델링 메이크업, 헤어 디자인,
종합창작실습, 패션쇼 작품연출실습, 패션모델실습, 포토폴리오
제작실습, 워크샵

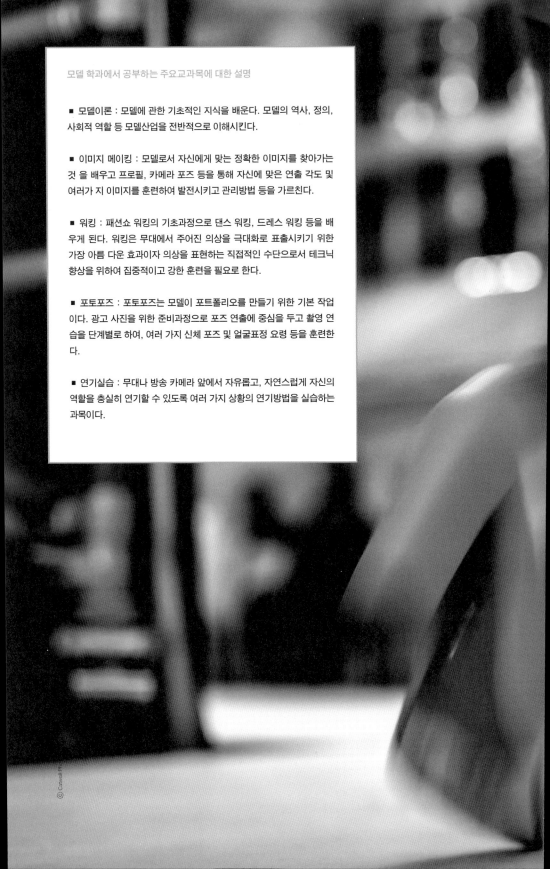

모델 학과에서 공부하는 주요교과목에 대한 설명

■ 모델이론 : 모델에 관한 기초적인 지식을 배운다. 모델의 역사, 정의,
사회적 역할 등 모델산업을 전반적으로 이해시킨다.

■ 이미지 메이킹 : 모델로서 자신에게 맞는 정확한 이미지를 찾아가는
것 을 배우고 프로필, 카메라 포즈 등을 통해 자신에 맞은 연출 각도 및
여러가 지 이미지를 훈련하여 발전시키고 관리방법 등을 가르친다.

■ 워킹 : 패션쇼 워킹의 기초과정으로 댄스 워킹, 드레스 워킹 등을 배
우게 된다. 워킹은 무대에서 주어진 의상을 극대화로 표출시키기 위한
가장 아름 다운 효과이자 의상을 표현하는 직접적인 수단으로서 테크닉
향상을 위하여 집중적이고 강한 훈련을 필요로 한다.

■ 포토포즈 : 포토포즈는 모델이 포트폴리오를 만들기 위한 기본 작업
이다. 광고 사진을 위한 준비과정으로 포즈 연출에 중심을 두고 촬영 연
습을 단계별로 하여, 여러 가지 신체 포즈 및 얼굴표정 요령 등을 훈련한
다.

■ 연기실습 : 무대나 방송 카메라 앞에서 자유롭고, 자연스럽게 자신의
역할을 충실히 연기할 수 있도록 여러 가지 상황의 연기방법을 실습하는
과목이다.

모델 학과 / 모델 관련학과 개설 대학

〈4년제 대학교〉
- 모델학과 : 동덕여대, 서경대, 신한대

〈2년제 대학〉
- 모델과 : 국제대학교, 대덕대학교, 대경대학교

방송 연예 및 엔터테인먼트 학과

방송연예 및 엔터테인먼트학과는 연극영화학과와 크게 다를
바는 없지만 방송을 주 대상으로 하는 연기를 배운다는 점에서 그
특성을 찾아 볼 수 있다.

이들 학과를 전공하기 위해서는 우선 예술적인 감각을
기본적인 적성으로 가지고 있어야 한다고 많은 전문가들은 입을
모아 이야기하고 있다. 감각적이고 독창적인 사고방식을 즐기는
사람, 사소한 일상에서도 의미를 부여할 수 있는 관찰력과
사색적인 태도들이 방송 연예를 이끄는 선구자로서 자질을
판가름하기 때문이다. 이처럼 예술가적인 면모가 필요하면서도
단체 활동을 통해 한 편의 프로그램을 만들어야 하는 실기 과목도
많아 활발하고 건강하며 자신이 생각을 잘 전달하는 능력도
중요하다.

이 학과는 방송, 영화, 실용음악, 댄스, CF, 뮤지컬 등 다양한
분야와 TV나 IT 등 미디어 매체를 결합하는 방송영상 관련
교육을 실무 중심으로 실시한다. 그래서 방송매체에 대한
전문적인 경험은 물론이고 보컬, 연기, 댄스 등 모든 분야에 걸쳐
기본기부터 전문실기까지 체계적으로 교육한다. 또한 산학협력을
통하여 방송, 공연 등 현장에 바로 적응할 수 있는 인재를
양성한다.

이 학과는 크게 드라마 연기분야와 오락 연기분야로
나누어지는데 드라마 연기분야는 방송 드라마에서 요구하는
연기자를 양성하기 때문에 연기는 물론 카메라 영상에 대한
공부도 하게 된다. 오락 연기분야는 시대적 상황과 대중문화의
흐름을 따라 다양한 엔터테이너를 양성하는 학과로 방송매체와
공연예술을 결합하는 전문 연기자를 교육시킨다.

졸업 후 진출 분야는 연극영화학과 졸업생과 비슷하지만
연예인, 댄스, 영화사, 이벤트 공연기획사, 방송국, 케이블방송국,
인터넷방송국, 연예 매니저, 멀티미디어나 인터넷 컨텐츠 제작 및
기획사, 엔터테인먼트 기획사, 음반제작사 쪽으로 진출할 수

있다.

　방송연예 및 엔터테인먼트학과에서는 방송, 영화, 연극, 라디오
등 각 분야의 전문적인 방송인 양성을 위하여 방송현장교육 및
실습위주의 교육을 하고 있다.

〈4년제 대학에서 배우는 과목의 예〉
　기초연기, 비전설계, 시창 청음, 재즈댄스, 기초 실용음악이론,
발음 및 발성, 현대무용, 피아노클래스, 희곡분석, 스트릿 댄스,
재즈 및 팝보컬 연습, 화술, 무대분장, 발레, 움직임(마임), 앙상블
워크샵, 드라마 모니터링, 움직임(무대움직임), 마술기초, 방송
기획 및 구성, 방송진행 실습, 뮤지컬보컬연습, 장면연기, 팝댄스,
디지털음악, 영상제작, 디지털편집, 인물 창조 훈련, 한국무용,
촬영 기초, TV연출 및 실기, 무대연기, 라틴댄스, 공연 연출,
무대조명, 영상 연기, 장면연기, 역할 연기, 시트콤 실습, TV 연기,
목소리 연기, 드라마 창작 실습, 공연 비즈니스 커뮤니케이션,
공연예술사, 대중음악작곡, 레코딩 실습, 뮤지컬연기, 극장 실습
캡스톤디자인

〈2년제 대학에서 배우는 과목의 예〉
　디지털 필름 메이킹, 기초연기, 기초연출, 화술, 신체표현,
무대동작 실습, 댄스, 가창 실기, 연기워크샵, 개그제작 실습,
오디션 테크닉, 장면연기, 드라마 실습, 영상워크샵, 스토리개발
및 작법, 특수촬영, 스튜디오 제작실습, 촬영 기법, 조명,
편집기술, 음향 실습, 연출론, CF제작실습, 매니지먼트, 매체연기,
앙상블, 공연작품 분석, 뮤직비즈니스, 뮤직프로덕션, 컴퓨터음악,
영화음악기법, 레코딩 프로젝트

방송연예 및 엔터테인먼트 관련 학과 개설 대학

〈4년제 대학교〉
- 방송연예학과 : 동덕여대, 중앙대, 경일대
- 방송공연예술학과 : 대전대, 동신대
- 미디어영상공연학과 : 세명대, 평택대, 호남대
- 엔터테인먼트학과 : 경희대, 서강대, 중부대

〈2년제 대학〉
- 공연예술과 : 경민대학교, 경복대학교, 고구려대학교, 김포대학교, 대경대학교, 동아방송예술대학, 서일대학교, 수원과학대학교, 숭의여자대학, 청강문화산업대학교, 호산대학교
- 방송엔터테인먼트과 : 국제대학교, 동아방송예술대학
- 방송연예과 : 동서울대학교, 동아방송예술대학, 두원공과대학교, 백제예술대학교, 인덕대학교, 전북과학대학교(방송연예미디어)
- 방송영상과 : 강동대학교, 경남정보대학교, 대경대학교, 서울예술대학교, 여주대학교, 영진전문대학, 인덕대학교, 전주비전대학교, 제주한라대학교, 충청대학교, 한국영상대학교
- 방송제작과 : 대구과학대학교, 동아방송예술대학교, 두원공과대학교, 여주대학교, 용인예술과학대학교

〈고등학교〉
- 방송연예과 : 남원국악예술고등학교, 서울방송고등학교
- 방송영상과 : 서울방송고등학교

*학교 및 학과는 변동될 수 있으며 각 학교 홈페이지에서 정확한 정보를 확인할 수 있습니다.

음악학과 및 실용음악과

　모든 예술은 음악을 지향한다는 말이 있다. 그만큼 음악은 인간의 아름다운 영혼의 세계를 상징한다고 할 수 있다.

　태고적 인간부터 오늘에 이르기까지 음악은 우리 인간을 떠난 적이 없으며 생활 속에 융화되어 문화의 발전과 더불어 끊임없이 이어져 오고 있다. 그래서 지역마다 민족마다 고유의 음악이 전해져 오며 현대의 문명을 맞이하여 다양한 형태로 발전해 나가고 있다.

　오늘날 대학 음악학과는 음악에 관한 이론과 실기를 가르치고 있는데 작곡, 성악, 기악으로 전문 분야를 나누어 가르친다. 그리고 기악은 다시 전문적으로 다루는 악기에 따라 더욱 세분화된 전공 교육을 받는다. 국악도 역시 마찬가지이다.

　그런데 이러한 음악이 시대적 문화의 흐름에 발맞추어 컴퓨터 음악이나 힙합과 같은 친사회적인 현실 음악으로 변화를 하여 요즈음에는 전통적인 클래식 음악 이외에 실용음악이라는 이름으로 현대 음악계에 등장하였다.

　이러한 실용음악은 순수음악의 차원에 머물지 않고 음악을 필요로 하는 모든 곳에 뛰어 들었으며 영화 음악, 인터넷 음악, 방송 음악은 물론이고 디지털 세계로 나아가 음악 산업을 일구어내고 있다.

　이러한 시대적 배경에 따라 음악학과도 학교에 따라 전통 클래식 음악학과, 대중음악학과, 실용음악학과, 종교음악학과, 디지털음악학과 등으로 구분되어 교육하고 있다.

　대체적으로 음악의 역사적 변천과정, 음악의 구성 원리, 음악미의 본질, 음악의 사회적 기능, 연주론적 특성 등 음악 전반에 걸친 이론과 실기를 배우는데 1, 2학년 때에는 주로 해당 음악에 관한 기초이론 수업과 실습을 하며 이 과정에서 자신의 적성을 찾아 전공과 부전공을 선택한다.

　3, 4학년이 되면 자신이 선택한 전공에 따라 보다 전문적인 이론 및 실기 수업을 하는데 이론보다는 실기의 비중이 높아지고

부전공 역시 그러하다.

　음악 관련학과는 다른 연예계 학과들에 비하여 자신이 배운 지식과 경험을 졸업 후에 얼마든지 활용하여 사회적 활동을 할 수 있으며 음악 관련 활동을 하기 위해서는 필히 거쳐야하는 교육과정이기도 하다.

〈4년제 대학 음악학과에서 배우는 과목의 예〉

　영어회화, 한국사, 현대사회와 윤리, 시창/청음, 한국의 언어와 문화, 작곡 기초이론, 음악 기초이론, 일반화성법, 전공화성법, 합창, 합주, 성악전공실기, 피아노전공실기, 작곡전공실기, 관현악전공실기, 음악감상법, 18세기 대위법, 전공대위법, 형식과 분석, 오페라클레스, 작곡법, 음악문헌, 관현악법, 관악합주, 현악합주, 서양음악사, 컴퓨터음악, 현대음악론, 지휘법, 예술가곡연구, 피아노 교수법, 16세기 대위법, 이태리어딕션, 프랑스어딕션, 독일어딕션, 피아노 앙상블, 건반 화성, 작곡클래스, 실내악

〈4년제 대학 실용음악학과에서 배우는 과목의 예〉

　컴퓨터음악, 즉흥연주, 편곡법, 퍼포먼스, 워크, 고급청음, 전공실기, 시창·청음, 미학개론, 클래스 피아노, 음반제작실기, 실용음악앙상블, 예술경영개론, 음악과 음향, 기초연기, 발성법, 보컬클리닉, 실용음악통론, 리듬실습, 재즈음악연구, 화성학, 대중음악사, 음반산업론, 컴퓨터음악, 대중문화의 이해, 연극개론, 현대무용, 재즈댄스, 종교음악, 건반화성학, 실용편곡법, 리듬앙상블, 퓨전합주, 재즈화성학, 연주, 저작권법, 대중음악감상, 대중매체론, 대중예술미학, 레코딩 실습, 무대 연출, 대위법, 싱어송라이팅, 딕션, 뮤지컬연습, 전자음악, 영상과 음악, 대중음악 분석, 대중음악 교수법, 대중음악 평론법, 영화 음악, 월드 뮤직, 지휘법, 무대공연실습

〈4년제 대학 뮤지컬학과에서 배우는 과목의 예〉

커뮤니케이션영어, 연기, 리듬훈련, 시창청음, 음악극의 역사,
화술, 무용, 성악, 연극개론, 영화사, 제작기초, 극작, 희곡읽기,
공연제작기초, 시나리오기초, 영상작품 워크샵, 영어회화,
인성교양 특강, 글쓰기와 의사소통, 뮤지컬성악, 피아노실기,
뮤지컬연기, 리사이틀, 뮤지컬 댄스, 연극제작, 리듬의 원리 및
분석, 창작연극 워크샵, 영화사, 현장실습, 재즈피아노 실기,
음향효과의 이론과 실제, 신디사이즈 반주법, 마임, 조명,
연출실습, 고급연기, 뮤지컬제작실습, 시나리오작법, 분장,
오디션과 포트폴리오, 공연기획, 뮤지컬졸업공연, 공연비평과
극작, 교육연극

〈2년제 대학 음악학과에서 배우는 과목의 예〉

시창/청음, 연주, 음악사, 전공실기, 피아노 문헌, 음악S/W활용,
딕션, 인성지도세미나, 전공응용실습, 장면 만들기, 피아노
앙상블, 화성학, 실기교육방법론, 전공 워크샵, 공연 실습, 전공
세미나, 합창, 전공심화세미나, 부전공실기, 국악개론, 건반화성

및 반주법, 음악교수법, 음악감상법

〈2년제 대학 실용음악학과에서 배우는 과목의 예〉
　전공실기, 전공악기, 즉흥연주법, 앙상블, 재즈화성, 재즈역사,
시창·청음, 건반화성기법, 미디편곡법, 작곡이론, Basic
Recording, Music Business, 학내연주, 연주발표, 졸업연주, 딕션,
재즈 시창/청음, 실용음악화성학, 무대연출, 합주실기,
컴퓨터음악, Pop음악사, 싱어송라이터, 고급화성학, 현대화성학,
실용음악편곡법, 힙합의 응용 및 개발

〈2년제 대학 뮤지컬과에서 배우는 과목의 예〉
　전공실기, 기초이론, 앙상블, 뮤지컬레퍼토리, 연주, 합창,
호흡과 발성, 기초연기, 몸과 움직임, 댄스, 무대기술, 화술,
실기교육방법론, 뮤지컬레퍼토리, 워크숍, 뮤지컬워크숍, 연주,
합창, 레퍼토리댄스, 즉흥연기, 장면 만들기, 오디션테크닉,
시창청음, 대본 및 악보 분석

음악 및 실용음악 관련 학과 개설 대학

〈4년제 대학교〉
■ 음악학과, 실용음악학과 : 가천대, 가톨릭관동대, 강남대, 강릉원주대, 강원대, 경기대, 경북대, 경성대, 경주대, 경희대, 계명대, 광신대, 국민대, 군산대, 남서울대, 단국대, 대구가톨릭대, 대구예술대, 대신대, 동덕여대, 동아대, 동의대, 명지대, 목원대, 목포대, 백석대, 부산대, 삼육대, 상명대, 서울대, 서울시립대, 서울신학대, 성결대, 성신여대, 세종대, 세한대, 수원대, 숙명여대, 안양대, 연세대, 영남대, 용인대, 울산대, 예원예술대, 이화여대, 인제대, 전남대, 전북대, 전주대, 제주대, 중부대, 중앙대, 창신대, 창원대, 총신대, 추계예술대, 충남대, 평택대, 한국교통대, 한서대, 한세대, 한양대, 한일장신대, 협성대, 호남신학대, 호서대, 호원대, 홍익대
■ 뮤지컬학과, 공연뮤지컬학과 : 계명대, 경성대, 단국대, 동국대, 동서대, 동신대, 목원대, 명지대, 백석대, 서경대, 예원예술대, 청운대, 홍익대

〈2년제 대학〉
■ 음악과 : 동아방송예술대학, 명지전문대학, 백제예술대학교, 전남과학대학교, 전남도립대학교(공연음악과), 제주한라대학교, 한경국립대학교
■ 뮤지컬과 : 군장대학교(뮤지컬 방송연기계열), 대경대학교, 대구과학대학교, 동서울대학교, 백제예술대학교, 동아방송예술대학, 인덕대학교, 청강문화산업대학교(뮤지컬연기), 호산대학교(공연예술)
■ 실용음악과 : 강동대학교, 강릉영동대학교, 강원관광대학, 계명문화대학, 경민대학교, 경복대학교, 김포대학교, 대경대학교(K-POP과), 대동대학교, 동서울대학교, 동아방송예술대학, 동원대학교, 동주대학교, 두원공과대학교, 명지전문대학, 백석문화대학교, 백제예술대학교, 부산예술대학교, 서울예술대학교, 수원여자대학교, 숭의여자대학교, 신안산대학교, 여주대학교, 우송정보대학, 인천재능대학교, 장안대학교, 전남도립대학교, 충청대학교, 한국영상대학교, 한양여자대학

〈고등학교〉
■ 음악과 : 경기예술고등학교, 원광정보예술고등학교, 함덕고등학교 등
■ 실용음악과 : 남원국악예술고등학교, 리라아트고등학교 등

*학교 및 학과는 변동될 수 있으며 각 학교 홈페이지에서 정확한 정보를 확인할 수 있습니다.

사설학원

모델학원, 댄스학원, 연기아카데미, 미디어 관련 학원 등이
이에 속한다. 이들 학원은 연예활동과 관련한 재능을 키우는
교육커리큘럼을 운영할 뿐만 아니라 수강생들을 연예계에 진출
시키거나 대학 진학을 돕는 역할을 담당하기도 한다.

이들 학원 중 특히 대학입시를 전문으로 다루는 학원들의 교육
스케줄은 대학수학능력시험을 전후로 하여 완전히 다른 양상을
보인다. 수능 이전의 경우 평일 반은 하루 2시간 씩 일주일에 3일
간, 그리고 지방학생들을 위해 개설한 주말반의 경우에는 일요일
하루 동안 6시간의 집중수업을 받는다. 그러나 수능 직후엔
다수의 학원이 주당 6일제 전일교육을 실시하는 데 대학의 수험
전일까지 이러한 비상 교육체제를 지속한다.

　대개의 학원들은 각 반별 담임교사제 또는 과목별
전담교사제를 두고 수강생의 엄격한 관리와 평가 및 상담으로
책임 있는 연기교육을 실현 하고자 노력한다.

　이들 사설 학원의 원장이나 교사들은 대개 해당 분야의
전문교육을 받은 자들로서 연예계 관련 대학학과나 대학원
졸업의 학력을 가지고 있으며 그 중에는 다년간의 전문연기
교육경력이나 현장 예술가로서의 자격과 경험을 갖춘 자들도
있다. 그래서 개별성과 우연성이 작용하는 연예계 입문의 안내자
역할을 할 수도 있다. 하지만 좋은 학원을 선택한다고 하여
그것이 곧장 연예계 진출로 이어지지는 않는다. 설혹 그러한
경우가 있다고 하더라도 그것은 확률적으로 아주 낮기 때문에
학원 선택이 중요하기는 하지만 자신의 진로에 절대적인 존재는
결코 아니라는 것을 명심해야 한다.

　또한 모든 연예 관련 사설 학원들이 그러한 안내 역할을 할 수
있는 것이 아니며 학원의 모든 교사가 다 전문가라고 할 수는
없기 때문에 학원을 선택할 경우에는 꼼꼼히 조사해보고
진로상담교사들과 상담해 보는 것이 바람직하다.

방송사 공개채용

예전과 달리 방송사의 공개 채용 시스템은 현재로서는 미미한
수준이다. 요즈음은 연예인을 선발하는 것보다는 방송사 운영에
필요한 기술 인력을 뽑는 쪽으로 공채 성격이 변화하였다.
왜냐하면 방송사가 스스로 프로그램을 제작하던 과거와는 달리,
현재는 별도의 대형 제작사나 기획사들이 프로그램을 만들고
방송사는 광고와 송신으로 수익을 올리는 구조를 갖추고 있기
때문이다.

또한 보다 다양한 활동을 해야 하는 연예인들의 직업 특성
때문에 방송국에서 자체적으로 연예인을 선발할 경우 선발된
연예인들을 자기 방송국에만 출연하도록 한다는 것이 어려운
현실이다. 그래서 방송국 스스로 연기자를 공개 채용하는 경향이
사라지게 된 것이다.

그러나 개그맨의 경우에는 여전히 방송사의 공개 채용을 통해
데뷔를 하고 있는데, 이들은 방송국에서 제작하는 코미디
프로그램이나 행사에 참여하여 경력을 쌓으며 인지도를 높여
나감으로써 자신의 상업적 가치를 향상시키고 있다.

이러한 가치의 업그레이드는 또 다른 연예활동이나 상업적
활동에 참여할 수 있는 기회를 가져 올 수 있다.

오디션 프로그램

해외 리얼리티 쇼를 표방해 방송사에서 인재를 찾기 위해
실시하는 프로그램이다. 국내에서는 1960년 4월 동아일보에서
주최한 전국 단위의 음악 취향 앙케이트가 시초라 할 수 있다.

이 프로그램은 소비자가 좋아하는 컨텐츠 및 연예인에게
소비자가 직접 점수를 매기도록 함으로써 대중을 컨텐츠
수용자가 아닌 생산자로 유도하는 참여 방식이 인기 요인이다.

70년대 중후반 대학가를 중심으로 교내 장기자랑 형식의
가요제가 붐을 일으켰고 민영방송 및 공영방송의 개국과 함께
대학가요제라는 형식을 빌어 공식적인 오디션 프로그램이
탄생하였다.

이때에 배출된 수많은 뮤지션들과 함께 대중음악은 호황을
이루게 되었고, 문화 번영기였던 80, 90년대에 돋보이는 재능의
뮤지션들이 대거 쏟아져 나오면서 이들의 이름을 딴 가요제들도
속속들이 탄생했다.

대표적으로는 '유재하 음악 경연대회'가 있는데 이 대회는
본인이 작사, 작곡, 반주 및 노래를 해야 할 뿐만 아니라 자격이
대학, 대학원, 전문대학생으로 제한되어 있었다. 이 가요제
출신으로는 대표적으로 조규찬, 고찬용, 유희열, 강현민, 나원주,
이한철, 방시혁, 정지찬, 김연우 등이 있으며 현재 이들이 다시
새로운 오디션 프로그램의 심사위원으로 활동하고 있다.

현재는 단순히 실력 있는 인재를 찾아내는 것에 그치지 않고,
드라마적 요소를 섞어 인재의 면면을 살피는 재미와 심사위원의
의견과 더불어 국민참여투표를 통해 오디션 프로그램의
리얼리티를 높이는 방식으로 인재를 골라내고 있어 재능이
있다면 한번 과감하게 도전해볼만 하다.

인맥을 통한 추천

특별한 기관이나, 제도를 거치지 않고 주변의 추천에 의해
연예계에 입문하는 경우도 있다. 유명 연예인의 자제이거나,
방송사 및 기획사와 친분이 있는 경우 재능이나 외모에 대한
기초적인 검증을 거쳐 데뷔를 하는 일도 많이 있다.

그러나 상대적으로 쉽게 데뷔했다고 하더라도 본인의 재능과
적성이 따라주지 않는다면 연예인으로서 오랜 시간 사랑을 받는
일은 어려울 수 있다. 데뷔 후에도 본인의 역량관리가 가장
필요한 케이스다.

© Rawpixel.com

기획사 및 제작사 캐스팅 오디션

인재를 캐스팅하는 방법은 여러 가지가 있지만 그중 가장 대표적인 방법이 오디션이다. 많은 대형 엔터테인먼트 회사들이 다양한 오디션을 실시하고 있으며, 이러한 오디션을 통하여 각 회사들이 원하는 스타일의 인재를 발굴하게 된다.

오디션은 그냥 선발하는 방식을 말하며 특별하게 정해진 방법이나 형식은 없다. 그래서 오디션 기획도 하나의 연예상품으로 등장하고 있는 현실이며 다음과 같은 사례도 그중의 한 예라고 할 수 있다.

〈정기 오디션〉

국내 대형 기획사 중 한 곳인 SM 엔터테인먼트는 매주 토요일 SM 본사에서 정기적으로 오디션을 개최하고 있으며, 가수는 물론, 연기자, 개그맨, 작곡가 까지 다양한 분야의 인재를 캐스팅한다.

오디션 접수 방법은 ARS, 이메일, 현장 접수 등 다양하며, 오디션은 공개 오디션형태로 진행한다. SM 소속 가수들 중 다수가 이러한 오디션을 통하여 발탁 되었다.

이러한 정기적인 오디션은 연예인을 희망하는 청소년에게 많은 기회를 제공하고, 회사 입장에서는 정기적인 오디션을 통하여 다양한 재능을 가진 인재를 발굴하는 기회가 된다.

또한 공개 오디션이기 때문에 참가자가 대중 앞에서 어떠한 매력을 발산할 수 있는지를 가늠할 수 있는 계기가 될 수 있다.

〈해외 오디션〉

해외 오디션은 한국, 미국, 캐나다, 중국, 일본, 대만 등 세계 각지에서 비정기적으로 실시하는 오디션을 말한다.

이러한 해외 오디션은 외국에 거주하고 있는 우리 교포만을 대상으로 하는 것이 아니라 외국인을 대상으로 캐스팅하기도

한다. 왜냐하면 타 문화에 배타적인 국가에서는 그 나라
국민들에게 친밀감을 심어주고 동시에 대중들의 호응을 얻을 수
있기 때문이다. 그러나 외국인을 캐스팅하는 경우보다는 해외에
거주하고 있는 교포를 캐스팅하는 경우가 훨씬 더 많다.

이러한 해외 오디션은 그 자체 하나의 연예 프로그램으로
기획되어 운영되기도 한다.

〈오디션 이외의 캐스팅〉

각 기획사는 오디션 이외에 길거리 캐스팅이나 다른 매체를
통한 캐스팅 등 다양한 방법으로 인재를 발굴하며 대학 동아리
행사나 연기하는 학생들의 모임, 학교 등에서도 수시로 인재를
캐스팅하고 있다.

이렇게 선발된 자들은 트레이닝을 통하여 연습시키면 일반
지원자들의 경우보다 중도 하차하는 비율이 줄어든다. 이는
기획사로 볼 때 여러 가지 측면에서 유리하다고 하겠다. 그래서
대형기획사들일수록 오디션을 통한 연예인 후보자 선발이 많고
동시에 경쟁률 또한 높은 편이다. 하지만 그만큼 많은 인재들이
참여하기 때문에 다른 연예 엔터테인먼트 회사들에 비하여 훨씬
좋은 조건의 연예인 인력을 양성하고 보유할 수 있게 된다. 이는
곧 기획사의 경쟁력 향상으로 이어진다.

기획사의 연예인 양성 현황

연예 기획사, 또는 연예 매니지먼트는 단순히 재능 있는 연예인을 발굴하는데 그치지 않고 컨텐츠를 제작하는 주체로 급부상하며 신흥 컨텐츠 산업으로 주목받고 있다.

이들은 소속 연예인들을 앞세워 방송 및 영화, 버라이어티쇼, 공연 등의 캐스팅과 제작에까지 깊이 관여하고 있어 연예산업에 있어서 이들의 활동은 갈수록 그 비중이 커지고 있다. 이러한 추세에 따라 과거에는 연예인의 스케줄 관리와 개인적인 업무를 주로 담당했던 연예 매니저와 연예 매니지먼트사는 소속

연예인의 인기도 관리와 이미지 메이킹, 계약 체결 및 권리 확보 등 업무의 세분화와 전문화가 요구되면서 전문가 집단으로 탈바꿈 중이다.

이들이 데리고 있는 소속 스타의 상품성이 컨텐츠의 제작과 배급에도 큰 영향을 미치는 까닭에 이들은 더더욱 스타성이 있는 인재를 발굴해 내고, 콘텐츠 시장을 독점하려는 형태로 성장을 도모하고 있다.

실제로 2000년대 이후부터 소규모 매니지먼트사들이 인수합병과 금융자본 유입을

통해 거대 종합 매니지먼트사로 구조적 변화를 하고 있으며, 연예인 출신의 경영인들이 연예 매니지먼트 산업의 새로운 주체로 등장·발전하고 있기도 하다.

예를 들면 대형 연예 매니지먼트사인 싸이더스HQ(현 IHQ)는 벤처기업으로 성공한 로커스와 영화사인 우노필름, 연예 매니지먼트사 EBM기획, 인터넷 영화업체인 웹시네마 등의 기업과 합병해 주식 상장회사로 성공한 바 있다.

또한 가수로 활동했던 경영인이 1995년 설립한 SM엔터테인먼트는 2004년 4월에 한국거래소 코스닥 시장에 주식을 상장해 거대 기획사로 자리매김을 했으며 역시 가수 출신의 사장이 운영하는 JYP엔터테인먼트(1996년)와 YG엔터테인먼트(1998년) 등도 연예인 양성 산업에 선두주자로 떠올랐다.

최근에는 BTS가 전 세계적으로 인기를 얻으면서 하이브엔터테인먼트가 상장하여 계속해서 성장하고 있다.

헐리웃을 비롯해 연예산업이 안정적인 구조로 자리 잡고 있는 다른 국가들에 비해 이제 막 시작 단계라고 할 수 있는 한국에서

기획사들이 이처럼 엄청난 성장세를 거듭하며 대형화 되고 있는 것은 분명 긍정적인 신호이지만 우려의 목소리도 적지 않다.

장기적으로 볼 때는 회사가 선호하는 스타일에 따른 획일화된 인재들이 양성됨으로써 신선하고 감각적인 인재보다는 훈련과 연습을 통해 시장성에만 치중한 상품성 짙은 연예인들이 배출될 수 있다는 시각이다. 이는 결국 연예산업의 정체와 퇴행을 불러올 것이라는 우려를 낳는 것이다.

이와 더불어 이들 대형 기획사들이 연예산업시장을 독점하게 되면 이는 단순히 연예인을 양성하는 것에 그치지 않고, 문화 컨텐츠 시장 전체를 장악하는 방향으로 나아갈 것이라는 경고의 목소리도 있다. 기획사가 힘을 가지기 시작하면 연예인들이 투명한 경쟁을 통해 매스컴에 등장하지 않고 기획사의 권력 여부에 따라 좌지우지 될 수도 있기 때문이다.

그러나 이러한 우려의 목소리와는 별개로 현재까지도 이들 대형 기획사들이 배출한 인재들이 연예계 스타로 발돋움하고 있으며, 한류 붐을 비롯해 각종 컨텐츠 마케팅에서 좋은 사례를 남기고 있는 것 역시 사실이다.

　한국콘텐츠진흥원이 발표한 〈한국 연예산업 실태조사〉에
의하면 가수 전문연예매니지먼트사는 245개사, 연기인
전문연예매니지먼트사는 86개사, 가수 및 연기인 병행
연예매니지먼트사는 59개사로 집계되었다.

　그런데 문화체육관광부 자료에 따르면,
(사)한국연예매니지먼트협회 및 (사)한국연예제작자협회 등을
통해 파악되고 있는 연예 매니지먼트사는 약 500여 개로
나타나고 있는데 실제 활동하고 있는 매니지먼트사는 이들보다
훨씬 많은 약 1,000여 개 정도로 추정된다고 본다.

　연예 매니지먼트사를 살펴볼 때 가장 주의해야 하는 것은 이미
많은 중소 영세업체들이 설립과 퇴출을 반복하며 수많은 연예인
지망생들의 노력을 수포로 만들고 있다는 점이다.

　몇 년 씩이나 연습을 거듭하고도 데뷔하지 못하는 지망생들을
비롯해 불공정한 계약으로 인해 계약금 사기를 당하고 구제받을
방법도 없이 회사가 사라져 버리는 일도 비일비재하게 발생하고
있는 현실이다.

　연예기획 산업이 외국과 달리 우리나라에서는 현재까진
인·허가 업종이 아니기 때문에 부가가치세법 제5조에 따라
사업장 관할 세무서장에게 등록하여 사업자 등록증만 받으면
얼마든지 설립할 수 있어 중소 영세기획사들의 난립을 막을 수
없으며 또한 사소한 이유로 없어지거나, 사라지는 업체가 많아
현재까지도 정확하게 관련 업체의 현황을 정확하게 파악하는
것이 어렵다는 한계도 지적되고 있다.

계약 과정 및 주의점

　연예인들과 함께 일하는 매니저나 기획사는 계약을 통해 연예인이 벌어들이는 수입을 나누어 갖는다. 따라서 연예 기획사의 입장에서는 수익을 높이기 위하여 스타급 연예인과 오랫동안 함께 일하는 것이 무척 중요한 요소가 될 수 있다.

　즉, 한번 뜬 스타 연예인이 거둬들이는 수입은 걸어 다니는 중소기업이라고 할 만큼 많기 때문에 기획사로서는 이들을 잘 관리하고, 또 오랫동안 계약관계를 유지해 이들의 수입을 나누어 가지고 싶어 한다.

　바로 이러한 구조 때문에 한국 연예계에는 '전속계약'이라는 관행이 발생했다. 연예인이 특정한 개인이나 또는 조직에게 자신의 연예활동에 대한 대리인으로서의 권한을 넘겨주어 이들로 하여금 영업활동을 하게하고 이를 통해 연예인이 돈을 벌게 되면, 그들과 수익을 전적으로 분배하는 계약을 말한다.

　연예인의 경우, 초기에는 효율적인 연예활동을 기대할 수 있어 좋지만 장기적으로 볼 때에는 인기를 얻고 난 뒤에 연예인의 자율적인 연예활동이 방해받을 수도 있다. 그러나 기획사의 입장에서도 무명의 연예인을 인기 스타로 만들기까지 온갖 노력을 기우린다는 점에서 볼 때 나름대로의 타당한 이유가 있을 수 있다. 사실 이로 인해 기획사와 연예인간의 계약 분쟁은 지금 이 순간 까지도 끊이지 않고 있다는 것이 그러한 증거인데 이 문제는 연예인이나 기획사 서로가 합리적인 방법으로 해결하는 것이 바람직하다고 본다.

　또한 공적인 차원에서도 이에 대한 대책이나 준비가 마련되고 있는 상황이라서 조만간에 이러한 문제로 인한 연예계의 불협화음이 사라질 것으로 기대된다.

　연예인은 직무수행에 필요한 필수 능력과 지식 등 전문성이 높아 타 직종 간 이동이 제한적인 편이다. 때문에 매니저는 연예인의 연예활동 외에도 경력의 모든 분야, 즉 레코딩, 순회공연, 작곡, 판촉, 스폰서 등을 관리 감독하며 도움을 주고

스타시스템이란?

연예매니지먼트 회사가 연예인을 발굴하고 트레이닝을 시켜 하나의 상품성을 가진 스타로 이미지를 만들어 이들을 대중 앞에 공개하여 활동하게 함으로써 이윤을 거두어들이는 연예산업 구조를 말함.

있다. 기획사로서는 연예인이 자신들의 품을 떠나도 어차피 유사 분야에서 일하게 될 것이라는 것을 잘 알고 있기 때문에 전적인 지원을 아끼지 않으면서도 이들의 이동에 별로 호의적이지 않은 것은 결국 경제적 수익 문제가 있기 때문이다.

즉, 연예기획사와 매니저는 소속 연예인이 경쟁사로 스카우트되거나 소속 스타의 이탈로 인하여 자신들의 수입이 감소되는 것을 우려하고 이를 예방하기 위해 전속계약을 체결하려고 하는데 이 점에서 서로의 과도한 이해관계가 문제를 일으키는 원인이 될 수가 있는 것이다.

연예인이란 직종은 워낙에 예측 불가능한 면이 많고, 스타의 인기가 오래 유지되지 못하는 경우 역시 많다. 또한 인기를 얻은 스타는 자신의 가치가 높게 책정받기를 원한다는 점, 그리고 스타의 숫자가 그렇게 많지 않다는 것 등이 결국 이러한 충돌의 원인으로 작용하게 되며 기획사 간의 과도한 스타 모시기 경쟁을 일으킨다.

스타 수요와 공급의 이러한 불안정 때문에 연예인의 이동을 제한하는 '전속계약금'이라는 제도가 생겨났고 이에 따르는 조건들로 하여금 여러 가지 문제가 발생하고 있다.

한국 연예기획 산업의 분쟁 사례 중 가장 많은 것은 전속계약의 파기로 인한 분쟁이다. 신인 연예인이 데뷔한 후에 인기를 얻으면 여러 가지 유리한 조건을 위하여 기존 소속사와의 계약을 파기하고 더 좋은 조건으로 옮기는 경우가 매우 많은데 이때 마다 소속 연예인과 기획사 간에 분쟁이 발생하고 있다.

따라서 기획사와 전속계약을 할 때에는 반드시 계약 내용을 본인이 확인해야 하고, 미성년의 경우 보호자를 대동해 계약을 체결해야 한다. 부당한 대우나 애매한 조건이 표기되어 있지는 않은지, 기획사가 신뢰할 만한 곳인지를 꼼꼼히 검토할 필요가 있다.

모든 판단이 정확하다고 느껴진 뒤에 계약서에 서명을 해도 결코 늦지 않으며, 일시적인 계약 금액보다는 장래의 꿈을 함께할 수 있는 기획사가 맞는지, 또 자신의 가치를 상승시켜 나가는 데 협조해줄 수 있는 곳인지를 잘 판단해야 한다.

데뷔 과정

기획사의 소속 연예인이 된다면, 기획사에서는 각 부서별로
업무를 나누어 소속 연예인을 데뷔시키는 노력을 총동원한다.
나아가 소속 연예인을 단순히 데뷔시키는 것뿐만 아니라
지속적인 수익성을 확보하기 위해 스타로 발돋움시키기 위한
연습에 많은 투자를 한다.

먼저 소속 연예인을 어떤 스타성을 가진 연예인으로 만들
것인가를 논의한다. 혹은 반대로 특정한 스타성을 가진 연예인을
데뷔시키기 위해, 특정한 능력이나 매력을 갖춘 대상을 물색해
캐스팅 하는 과정을 거친다. 이후 회사에서는 적절한 시장조사와
자신들의 노하우를 바탕으로 대중의 문화 소비 욕구를 파악한다.
문화소비자의 대상을 결정하고 소속 스타의 능력에 맞추어
스타가 생산해 낼 컨텐츠(가수라면 음반, 연기자라면 작품 등)의
컨셉이 정해지면 이를 상업화하는 전략을 수립한다. 특히 아이돌
같은 경우는 컨셉이 매우 중요한 부분을 차지하고 있기 때문에
이러한 사전조사와 기획은 매우 중요하다 하겠다.

트레이닝 단계에서는 캐스팅 된 연습생들은 대상으로 교육을
실시하며 카메라 촬영을 통한 평가회를 통해 자질을

테스트하기도 한다. 또한 외국어, 인성 교육, 자기 관리 등, 스타가
되기 위하여 필요한 능력과 자질들을 전문 강사들로 부터
학습하고 연습하도록 시킨다.

　이후 연습생이 가수라면 음반을 제작하고, 안무나 컨셉을
연마하며, 연기자라면 작품을 위한 이미지 세팅 및 대본 훈련을
하여 실제적인 상품성을 갖춘 인물로 탈바꿈 하는 시기를 거친다.
넓은 의미에서 스타를 "제작"하는 과정이라고 할 수 있다.

　이렇게 능력과 자질을 갖춘 연습생이 데뷔한다고 해도 데뷔
과정이 모두 끝난 것은 아니다. 이후에는 캐스팅과 트레이닝
단계를 제외하고, 기획, 프로듀싱, 마케팅의 과정을 계속해서
반복하며 스타의 이미지를 끊임없이 생산, 가공하여 소비자에게
매력적인 상품으로 내놓아야 하기 때문이다.

　최근 한 매체의 발표에 따르면, 신생 연예 기획사의 아이돌
육성비용은 최소 1억 원에서 1억 5천만 원 정도가 드는데
투자금을 다시 회수하기 까지는 최소 10억 원 이상의 비용이
든다고 한다. 따라서 기획사의 입장에서는 막대한 투자금이
투입되는 사업인 만큼 실패를 최소화할 필요가 있는 것이고,
이러한 요구에 대처하기 위하여 스타시스템이 점점 더
구체적이고 치밀하게 체계화 되어 가고 있다.

　그러나 이러한 작업은 어디까지나 스타 양성을 통한 경제적
수입 확대가 목적이기 때문에 철저한 상업적 시각에서
이루어진다는 점을 항상 염두에 두어야 한다. 또한 우리나라
연예기획사의 스타시스템은 아직까지도 불안정하고 불투명한
구조를 띤 곳이 많아 주의가 필요하며 장기적인 관점에서
냉철하고 객관적으로 판단할 필요가 있다.

기획사와 연예인의 관계는 크게 두 가지로 나누어 볼 수 있다.

첫째는 이미 활동하고 있는 연예인을 자신의 회사로 스카우트해 이들을 관리하고 활용하는 방식이다.

이 방식의 경우에는 기획가나 제작자 자신의 경험에 비추어 상품성이 있고, 스타로 인정할 만한 가치가 있는 기존의 연예인을 유입해 기획사를 운영하는 형태이다. 이러한 시스템은 연예산업의 경험이 풍부한 사람이 기획사를 운영하거나 아니면 대기업의 자본을 투자받는 경우에 종종 볼 수 있는데 이는 연예산업의 특성을 잘 파악하여 활용할 수 있는 노하우와 이미 어느 정도 인기와 실력이 인정된 연예인의 상품성을 결합하여 단기간에 경제적 수익을 올릴 수 있다는 점이 매력적이라 할 수 있다. 전문 매니저를 고용해 스타의 일을 함께 도와줌으로써 일의 효율성은 물론이고 스타 연예인의 상품적 가치를 올려주는 역할을 하기도 한다.

이런 방식으로 운영하는 기획사가 가지는 장단점은 다음과 같다.

〈장점〉
1. 캐스팅 후 계약과 동시에 활용 가능
2. 연예인의 기존 영향력 유지 가능
3. 육성 투자비가 많이 들지 않음
4. 보다 자유로운 연예 활동 섭외 가능
5. 의욕과 열정으로 성공 기회 증가

〈단점〉
1. 계약의 연속성이 단절되기 쉬움
2. 실패 후 재교육을 통한 새로운 도전이 쉽지 않음
3. 연예인에 대한 의존도가 높음
4. 연예인과의 분쟁 비율이 높음

> 스타시스템의 과정
> **기획 → 캐스팅 → 트레이 닝 → 제작 → 마케팅**

두 번째 방식은 새로운 연예인 후보를 발굴하고 투자하여 유명 스타로 만든 다음 이들을 통해 수익모델을 만들어내는 시스템이다. 이러한 기획사들은 주로 아이돌 육성 전략을 중심으로 활동하는 경향이 있는데, 해당 소속사에 있는 기존의 연예인들을 활용하거나 연예 활동 경험이 있는 기획사 경영인들이 자신들만의 노하우와 기획력을 바탕으로 공개 오디션을 열어 연예인으로 키울 인재를 발굴해 내는 예가 여기에 속한다. 이들은 발굴한 인재를 교육시켜 다재다능한 엔터테이너로 성장시킨 다음 그들을 통한 연예활동을 추진하는 데 그 목적이 있다. 주로 몇 년 간의 연습생 기간을 거쳐 연예계의 스타덤으로 올려 보내는 아이돌 시스템을 갖춘 기획사들이 이런 방식을 채택한다.

예를 들면 SM엔터테인먼트가 보아를 발굴하여 아시아의 스타로 육성한 사례가 대표적이다. SM의 성공 사례를 이어 JYP엔터테인먼트와 YG엔터테인먼트 등의 대형 연예 기획사들도 오디션을 거쳐 연습생을 선출하고, 이들에게 자신들만의 노하우가 담긴 시스템을 적용해 스타로 성장시키고 있다. 그래서 이들 기획사의 소속 연습생이 될 경우에는 철저한 스타 기획 프로듀싱시스템과 회사의 노하우가 결합된 그들만의 스타교육 연습체계에 적응할 수 있어야 한다.
이러한 기획사에서 일할 경우 장점과 단점은 다음과 같다.

〈장점〉
  1. 기획사의 브랜드 효과로 스타로의 성장 가능성이 높음
  2. 국외 진출 모색 가능
  3. 전략팀을 구성함으로써 다양한 분야에서의 활동을 통한 경제적 효과 제고와 사업모델의 다각화 전략이 가능

〈단점〉
  1. 계약 기간의 장기화에 따른 이해관계의 충돌 가능성이 있음
  2. 청소년들에게 허황한 잘못된 생각을 갖게 할 수도 있음
  3. 스타 지향주의의 부정적 현상이 유발될 수 있음

연예매니지먼트 산업의 거래 공정화를 위한 모범거래기준

I. 목 적

    이 모범거래기준은 연예매니지먼트 산업에 종사하는 연예인(연예인 지망생을 포함한다. 이하 같다)·연예매니지먼트사·제작사 간의 거래에 관하여 합리적이고 객관적인 기준을 제시함으로써 연예산업의 발전과 당사자들의 상호 이익을 증진하는 것을 그 목적으로 한다.

II. 적용 범위

    이 모범거래기준은 연예매니지먼트 산업에 종사하는 당사자들 간의 공정한 거래 환경 조성을 위하여 연예매니지먼트사의 준수사항 및 금지사항을 규정하나, 다른 법령 또는 지침에 우선하는 법적 구속력을 갖지 않는다. 따라서 이 모범거래기준에 규정되어 있지 않은 사항이라고 하여 공정거래법에 위반되지 않는 것은 아니며, 규정된 내용이라고 하더라도 각 사안별 특수성에 따라 최종적 법 위반 여부가 달리 판단될 수 있다.

Ⅲ. 연예매니지먼트사의 중요정보 공개

1. 공개정보의 내용

가. 연예매니지먼트사는 다음과 같은 기본정보를 공개하여야 한다.

① 연예매니지먼트사의 상호, 설립연도, 주소, 전화번호, 전자우편주소 등 사업자에 관한 정보

② 연예매니지먼트사 대표의 이름, 주소, 사업관련 주요 경력에 관한 정보

③ 연예매니지먼트사의 시설과 인력에 관한 정보

④ 연예매니지먼트사의 재무상태에 관한 정보(재무상태에 관한 정보 예시)

　- 연예매니지먼트사가 개인인 경우: 소득금액증명원, 부가가치세과세표준증명원 또는
국세완납증명서

　- 연예매니지먼트사가 법인인 경우: 재무제표증명원, 부가가치세과세표준증명원 또는
국세완납증명서

나. 연예매니지먼트사는 청소년 연예인 및 여성 연예인에 대한 별도의 인권보호방침을 마련하여
공개하여야 한다.

(예시)

- 청소년 연예인의 학습권과 수면권, 휴식권에 대한 사항

- 청소년 연예인이 폭력적인 장면에 노출되는 경우 출연 절차에 대한 사항

- 여성 연예인의 사생활 보호 및 성적 자기결정권에 대한 사항

다. 연예매니지먼트사는 연예인과 계약시 사용하는 전속계약서의 표준안을 공개하여야 한다.
전속계약서의 표준안이 가수, 연기자 등 유형별로 구분되어 있는 경우 각 유형별로 공개하여야 한다.

2. 정보공개의 방법

연예매니지먼트사는 중요정보를 인터넷 홈페이지 게재, 사무실 게시, 홍보자료 삽입 등 적절한
방법으로 공개하여야 한다.

Ⅳ. 수익분배의 공정화

1. 회계처리의 원칙

연예매니지먼트사는 소속 연예인의 연예활동과 관련된 수입 및 비용을 각 연예인별로 분리하여
별도의 회계 장부와 통장을 통해 관리하여야 한다. 다만, 2인 이상의 소속 연예인이 동일한
연예활동을 통해 공동으로 수입 및 지출이 이루어지는 경우는 각 연예활동별로 관리할 수 있다.

2. 수익제공

가. 연예매니지먼트사는 소속 연예인의 요구가 있는 경우 그 연예인의 연예활동과 관련된
회계장부의 내용과 통장 입출금 내역을 7일 이내에 제공하여야 한다.

나. 연예매니지먼트사는 소속 연예인의 수입이 발생하는 경우 그 연예인의 동의하에 비용을
공제한 수익을 수입 수령일로부터 45일 이내에 정산자료와 함께 그 연예인에게 제공하여야 한다.

3. 부당한 이익제공 요구의 금지

연예매니지먼트사(연예매니지먼트사에 소속된 임직원을 포함한다)와 소속 연예인은 계약에 근거하지

않고서는 서로 어떠한 명목으로든 금품이나 기타 이익을 요구하여서는 아니 된다.

V. 제작업 겸업 연예매니지먼트사의 준수사항

연예매니지먼트사가 제작업을 겸하는 경우 신의성실의 원칙에 따라 연예인에게 피해가 가지 않도록 다음의 사항을 준수하여야 한다.

가. 연예매니지먼트사는 소속 연예인의 이해와 상충되는 행위를 하여서는 아니 된다.

(예시)

- 제작사의 경비절감을 위해 소속 연예인의 출연료를 낮게 책정하는 행위
- 자사와 관련 있는 제작사 이외에는 출연을 제약하는 행위

나. 연예매니지먼트사는 제작업 겸업 사실을 소속 연예인에게 사전 고지하여야 하며 당해 겸업 제작자의 제작물에 소속 연예인을 출연시키기 위해서는 소속 연예인의 사전 동의를 받아야 한다. 다만 연예매니지먼트사가 음반 또는 음원을 제작하는 경우에는 그러지 아니하다.

다. 연예매니지먼트사는 소속 연예인이 겸업 제작사에 출연 동의를 하지 않았다는 이유로 그 연예인에게 불이익을 주어서는 아니 된다.

(예시)

- 동의하지 않았다는 이유로 계약조건을 일방적으로 변경하는 경우
- 동의하지 않았다는 이유로 다른 소속 연예인과 차별대우 등 부당한 대우를 하는 경우

VI. 연예매니지먼트사의 금지행위

연예매니지먼트사는 전속계약서의 계약 조항을 설정 또는 변경하거나 기타 다른 방법에 의하여 소속 연예인에게 다음과 같은 행위를 하여서는 아니 된다.

가. 소속 연예인의 연예활동에 대한 의사결정을 과도하게 제약하는 행위

(예시)

- 연예활동 여부나 제3자와의 계약체결 등 연예매니지먼트사와 연예인간 협의에 따라 이루어져야 할 사항을 연예매니지먼트사의 일방적인 지시에 따르도록 하는 행위

나. 소속 연예인의 직업선택의 자유를 지나치게 제한하는 행위

(예시)

- 연예매니지먼트사의 허락 없이는 연예활동을 중지하거나 은퇴할 수 없도록 하는 행위

다. 소속 연예인이 자사의 홍보활동에 강제 또는 무상으로 출연하도록 하는 행위

(예시)

- 연예매니지먼트사의 홍보활동의 범위를 구체적으로 적시하지 않아 자의적인 출연요청이 가능하도록 하는 조항
- 구체적 기준 없이 무상출연을 강제하는 조항

라. 사전 동의 없이 계약당사자로서의 지위·권리를 일방적으로 양도하도록 하는 행위

(예시)

- 연예매니지먼트사가 일방적으로 계약당사자의 지위를 연예인의 동의 없이 양도할 수 있도록 하는 행위

- 사정변경이 있는 경우 연예인이 일방적으로 승낙하도록 의무를 부과하는 행위

마. 저작권·미발표곡 등에 대한 권리를 연예매니지먼트사에게 무조건 귀속하도록 하는 행위

(예시)

- 미발표곡에 대한 계약기간 이후의 수익에 대한 배분조항이 없는 상황에서 연예매니지먼트사에게 모든 권리를 귀속시키는 행위

바. 계약기간 종료 이후에도 일방적으로 연예인에게 채권·채무(계약 기간 내에 연예매니지먼트사와 연예인 쌍방이 인정한 채권·채무는 제외)를 승계시키는 행위

(예시)

- 계약이 종료된 이후 발생한 모든 채무까지 연예인이 승계하도록 하는 행위

사. 보험가입에 대해서 연예인의 이의제기를 금지하는 행위

(예시)

- 보험금수령인을 연예매니지먼트사로 하고 정당한 이유 없이 연예인의 이의제기를 금지하는 행위

아. 분쟁발생시 재판관할을 연예매니지먼트사에게 유리하게 하는 행위

(예시)

- 민사소송법상의 관할법원 규정보다 연예인에게 불리하게 정하여 연예인의 제소 및 응소상의 불이익을 초래할 우려가 있는 전속계약서 조항

- 연예매니지먼트사에게 유리한 재판관할을 설정하는 조항

예술인 복지법

제1장 총칙

제1조(목적)
이 법은 예술인의 직업적 지위와 권리를 법으로 보호하고, 예술인 복지 지원을 통하여 예술인들의 창작활동을 증진하고 예술 발전에 이바지하는 것을 목적으로 한다.

제2조(정의)
이 법에서 사용하는 용어의 뜻은 다음과 같다.
  1. "문화예술"이란 「문화예술진흥법」 제2조제1항제1호에 따른 문화예술을 말한다.
  2. "예술인"이란 예술 활동을 업(業)으로 하여 국가를 문화적, 사회적, 경제적, 정치적으로 풍요롭게 만드는 데 공헌하는 사람으로서 문화예술 분야에서 대통령령으로 정하는 바에 따라 창작, 실연(實演), 기술지원 등의 활동을 증명할 수 있는 사람을 말한다.
  3. "문화예술용역"이란 문화예술 창작·실연·기술지원 등의 용역을 말한다.
  4. "문화예술기획업자등"이란 문화예술용역에 관한 기획·제작·유통업에 종사하는 자로서 예술인과 계약을 체결하는 자를 말한다.

제2조의2(다른 법률과의 관계)
예술인 복지에 관하여 다른 법률에 특별한 규정이 있는 경우를 제외하고는 이 법에 따른다.

제2장 예술인의 지위와 권리 등

제3조(예술인의 지위와 권리)
① 예술인은 문화국가 실현과 국민의 삶의 질 향상에 중요한 공헌을 하는 존재로서 정당한 존중을 받아야 한다.
② 모든 예술인은 인간의 존엄성 및 신체적·정신적 안정이 보장된 환경에서 예술 활동을 할 권리를 가진다.
③ 모든 예술인은 자유롭게 예술 활동에 종사할 수 있는 권리가 있으며, 예술 활동의 성과를 통하여 정당한 정신적, 물질적 혜택을 누릴 권리가 있다.
④ 모든 예술인은 유형·무형의 이익 제공이나 불이익의 위협을 통하여 불공정한 계약을 강요당하지

아니할 권리를 가진다.

제4조(국가 및 지방자치단체의 책무 등)
① 국가와 지방자치단체는 예술인의 지위와 권리를 보호하고 예술인의 복지 증진에 관한 시책을 수립하여 시행하여야 한다.
② 국가와 지방자치단체는 예술인이 지역, 성별, 연령, 인종, 장애, 소득 등에 따른 차별 없이 예술 활동에 종사할 수 있도록 시책을 마련하여야 한다.
③ 국가와 지방자치단체는 성희롱·성폭력으로부터 예술인을 보호하기 위한 시책을 마련하여야 한다.
④ 국가 또는 지방자치단체는 예산의 범위에서 예술인의 복지 증진을 위한 사업과 활동에 필요한 지원을 할 수 있다.

제4조의2(예술인 복지정책 기본계획)
① 문화체육관광부장관은 예술인 복지정책의 체계적인 추진을 위하여 관계 중앙행정기관의 장과 협의하여 5년마다 예술인 복지정책 기본계획(이하 "기본계획"이라 한다)을 수립하여야 한다.
② 기본계획에는 다음 각 호의 사항이 포함되어야 한다.
    1. 예술인 복지정책의 기본방향 및 추진목표
    2. 예술인의 직업적 지위 및 권리 보호
    3. 예술인의 복지 증진
    4. 예술인의 예술 활동 여건 개선
    5. 예술인 복지정책의 추진체계
    6. 예술인 복지사업을 위한 재원규모 및 조달
    7. 예술인 복지사업에 대한 지원
    8. 그 밖에 예술인 복지 증진을 위하여 필요하다고 인정되는 사항
③ 문화체육관광부장관은 기본계획의 수립과 시행을 위하여 필요한 경우 관계 지방자치단체의 장 또는 관련 기관·법인·단체나 개인에게 협조를 요청할 수 있으며, 요청을 받은 자는 정당한 사유가 없으면 이에 따라야 한다.
④ 그 밖에 기본계획의 수립 등에 필요한 사항은 대통령령으로 정한다.

제4조의4(문화예술용역 관련 계약)
① 문화예술용역과 관련된 계약의 당사자는 대등한 입장에서 공정하게 계약을 체결하고, 신의에 따라 성실하게 계약을 이행하여야 한다.
② 제1항에 따른 계약의 당사자는 다음 각 호의 사항을 계약서에 명시하여야 하며, 서명 또는 기명날인한 계약서를 서로 주고받아야 한다.
    1. 계약 금액

2. 계약 기간·갱신·변경 및 해지에 관한 사항

　3. 계약 당사자의 권리 및 의무에 관한 사항

　4. 업무·과업의 내용, 시간 및 장소 등 용역의 범위에 관한 사항

　5. 수익의 배분에 관한 사항

　6. 분쟁해결에 관한 사항

③ 제5조에 따른 표준계약서를 사용하는 경우에는 제1항 및 제2항에 따라 계약을 체결한 것으로 본다.

④ 문화체육관광부장관은 문화예술기획업자등이 제2항을 위반한 경우 같은 항 각 호에 따른 계약서 명시사항의 기재, 서명 또는 기명날인한 계약서의 교부, 그 밖에 시정을 위하여 필요한 조치를 명할 수 있다.

제5조(표준계약서의 보급)

① 국가는 문화예술용역 관련 계약의 당사자가 대등한 입장에서 공정하게 계약을 체결할 수 있도록 문화예술 분야에 관한 표준계약서를 개발하고 이를 보급하여야 한다.

② 국가와 지방자치단체는 제1항에 따른 표준계약서를 사용하는 경우 「문화예술진흥법」 제16조에 따른 문화예술진흥기금 지원 등 문화예술 재정 지원에 있어 우대할 수 있다.

③ 제1항에 따른 표준계약서의 내용 및 보급 방법 등에 관하여 필요한 사항은 문화체육관광부령으로 정한다.

제5조의2(계약서의 보존)

문화예술기획업자등은 제4조의4제2항에 따라 서명 또는 기명날인한 계약서를 3년간 보존하여야 한다.

제6조(예술인의 경력 증명 등에 관한 조치 마련)

문화체육관광부장관은 예술인이 고용, 임금, 그 밖의 근로조건 등에 있어서 합리적인 이유 없이 불리하게 처우받지 아니하도록 예술인의 경력 증명 등에 필요한 별도의 조치를 마련하여야 한다.

제6조의2(불공정행위의 금지)

① 문화예술기획업자등은 예술인의 자유로운 예술창작활동 또는 정당한 이익을 해치거나 해칠 우려가 있는 다음 각 호의 어느 하나에 해당하는 행위(이하 이 조에서 "불공정행위"라 한다)를 하거나 제3자로 하여금 이를 하게 하여서는 아니 된다.

　1. 우월적인 지위를 이용하여 예술인에게 불공정한 계약 조건을 강요하거나 계약 조건과 다른 활동을 강요하는 행위

　2. 예술인에게 적정한 수익배분을 거부·지연·제한하는 행위

　3. 부당하게 예술인의 예술창작활동을 방해하거나 지시·간섭하는 행위

4. 계약과정에서 알게 된 예술인의 정보를 부당하게 이용하거나 제3자에게 제공하는 행위

② 문화체육관광부장관은 문화예술기획업자등이 불공정행위를 한 경우 불공정행위의 중지, 계약조항의 삭제 또는 변경, 불공정행위로 인하여 시정조치를 명령받은 사실의 공표, 그 밖에 시정을 위하여 필요한 조치를 명할 수 있다.

③ 문화체육관광부장관은 문화예술기획업자등의 행위가 제1항제1호에 해당할 경우 공정거래위원회에 그 사실을 통보하여야 한다.

⑤ 불공정행위의 세부적인 유형, 기준 및 처리절차 등에 필요한 사항은 대통령령으로 정한다.

제6조의3(재정지원의 중단 등)

국가와 지방자치단체는 문화예술기획업자등이 제6조의2제2항에 따른 시정조치 명령을 지정된 기간 내에 이행하지 아니한 경우에는 다음 각 호의 재정지원을 중단하거나 배제할 수 있다.

1.「영화 및 비디오물의 진흥에 관한 법률」제23조에 따른 영화발전기금 지원

2.「문화예술진흥법」제16조에 따른 문화예술진흥기금 지원

3.「방송통신발전 기본법」제24조에 따른 방송통신발전기금 지원

4.「중소기업창업 지원법」제20조 또는「벤처기업육성에 관한 특별조치법」제4조의3에 따라 결성되어 같은 법의 지원을 받은 투자조합의 투자

5. 그 밖에 국가 및 지방자치단체의 재정지원

제3장 사회보장

제7조(예술인의 업무상 재해에 대한 보호)

①예술인의 업무상 재해 및 보상 등에 관하여는「산업재해보상보험법」에서 정하는 바에 따른다.

② 제8조에 따른 한국예술인복지재단은 제1항에 따라 예술인이 산업재해보상보험에 가입하는 경우 예술인이 납부하는 산업재해보상보험료의 일부를 지원할 수 있다.

제4장 한국예술인복지재단

제8조(한국예술인복지재단의 설립 등)

① 예술인복지사업을 효율적으로 수행하기 위하여 한국예술인복지재단(이하 "재단"이라 한다)을 설립한다.

② 재단은 법인으로 한다.

③ 재단은 문화체육관광부장관의 인가를 받아 주된 사무소의 소재지에서 설립등기를 함으로써 성립한다.

④ 재단에 대하여 이 법에 규정한 것 외에는「민법」중 재단법인에 관한 규정을 준용한다.

제10조(재단의 사업)

① 재단은 다음 각 호의 사업을 수행한다.

  1. 예술인의 사회보장 확대 지원

  2. 예술인의 직업안정·고용창출 및 직업전환 지원

  3. 원로 예술인의 생활안정 지원 등 취약예술계층의 복지 지원

  4. 개인 창작예술인의 복지 증진 지원

  5. 예술인의 복지실태 및 근로실태의 조사·연구

  6. 예술인 복지금고의 관리·운영

  7. 예술인 공제사업의 관리·운영

  8. 불공정행위로 인한 피해 상담 및 법률적 지원

  9. 예술인의 권익보호를 위한 교육 프로그램 운영

  10. 예술계 성희롱·성폭력 예방교육 및 피해 구제 지원

  11. 정부로부터 위탁받은 사업

  12. 그 밖에 예술인의 복지 증진을 위하여 대통령령으로 정하는 사업

② 재단은 문화체육관광부장관의 인가를 받아 제1항 각 호에 따른 사업 외에 목적 달성을 위하여 필요한 수익사업을 할 수 있다.

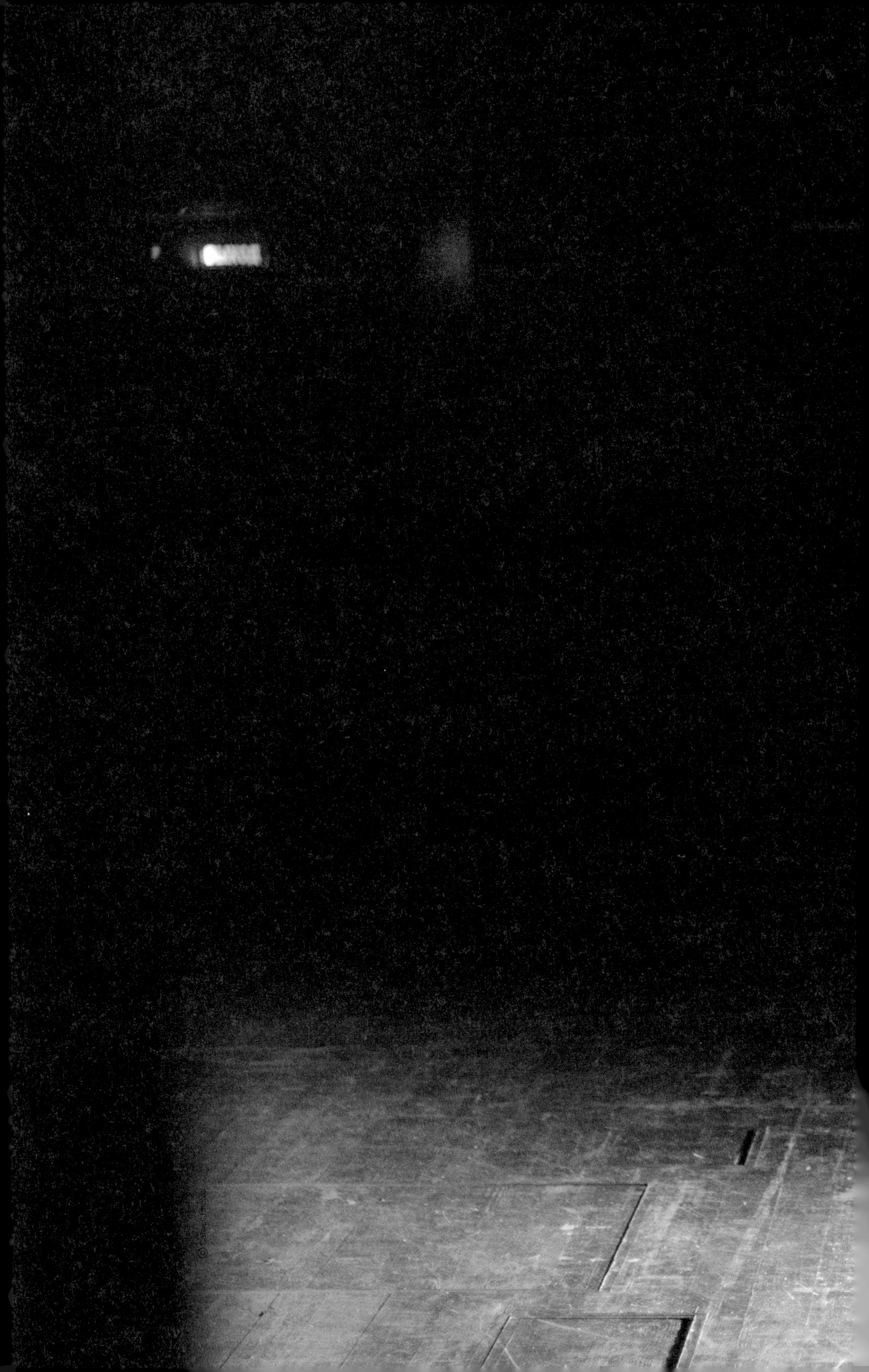

행복한 직업 찾기
나의 직업 연예인

초판 1쇄 인쇄 2014년 2월 24일
개정판 1쇄 인쇄 2020년 5월 29일

개정2판 1쇄 인쇄 2023년 5월 1일
개정2판 1쇄 발행 2023년 5월 7일

글 | 꿈디자인LAB
펴 낸 곳 | 동천출판
사   진 | shutterstock.

등   록 | 2013년 4월 9일 제319-2013-25호
주   소 | 서울특별시 서초구 효령로 60길 15(서초동, 202호)
전화번호 | (02) 588 - 8485
팩   스 | (02) 583 - 8480
전자우편 | dongcheon35@naver.com

값 18,000원
ISBN   979-11-85488-78-3 (44370)
         979-11-85488-05-9 (세트)

*잘못 만들어진 책은 구입하신 서점에서 바꿔 드립니다.